La Matemática
como una de las Bellas Artes

por

PABLO AMSTER
Departamento de Matemática, Facultad de Ciencias Exactas y
Naturales, Universidad de Buenos Aires
CONICET

Colección "Ciencia que ladra..."
Dirigida por DIEGO GOLOMBEK

Siglo veintiuno editores Argentina s.a.
TUCUMÁN 1621 7º N (C1050AAG), BUENOS AIRES, REPÚBLICA ARGENTINA

Siglo veintiuno editores, s.a. de c.v.
CERRO DEL AGUA 248, DELEGACIÓN COYOACÁN, 04310, MÉXICO, D. F.

R. Sáenz Peña 180, (B1876BXD) Bernal,
Pcia. de Buenos Aires, República Argentina

Amster, Pablo
   La matemática como una de las Bellas Artes/ Pablo Amster – 1a. ed. –
Buenos Aires : Siglo XXI Editores Argentina, 2004.
   128 p. ; 19x14 cm. – (Ciencia que ladra... / dirigida por Diego Golombek)

   ISBN 987-1105-92-4

   1. Matemática-Ciencias I. Título
   CDD 511

Portada de Mariana Nemitz

© 2004, Pablo Amster
© 2004, Siglo XXI Editores Argentina S.A.

ISBN: 987-1105-92-04

Impreso en 4sobre4 S.R.L.
José Mármol 1660, Buenos Aires,
en el mes de noviembre de 2004

Hecho el depósito que marca la ley 11.723
Impreso en Argentina – Made in Argentina

ESTE LIBRO
(y esta colección)

—Poco me preocupa dónde ir —contestó Alicia.
—Entonces, nada importa qué camino tomes —replicó el gato.

Lewis Carroll

Que es lo que queríamos demostrar.

Les Luthiers, "Teorema de Tales"

Bienvenidos a un país en el que habitan princesas miopes, tortugas, infinitos numerables y no numerables, barberos, poetas fingidores y candidatos a príncipes. Bienvenidos al país de los números, de las formas y de los teoremas. Bienvenidos al país de las matemáticas.

Pablo Amster es nuestro guía en este verdadero país de las maravillas, en donde todo es posible (siempre y cuando no sea contradictorio). Aquí a veces el orden de los factores altera el producto, o una simple frase nos puede envolver en el más complicado de los laberintos lógicos. Este libro es una caja de sorpresas, comenzando por la más obvia: el autor intenta convencernos, y curiosamente lo logra, de que puede haber belleza en las matemáticas. Una belleza tanto clásica como romántica, usualmente reservada a esos seres que pasan sus días frente a un pizarrón lleno de fórmulas extrañas, pero a la que gracias a este pequeño gran libro podemos asomar las narices y deleitarnos en esta temeraria mezcla de ciencia y arte. El poeta portugués Fernando Pessoa (extensamente citado en el libro) afirmó que *el binomio de Newton es tan hermoso como la Venus de Milo; lo que pasa es que muy poca gente se da cuenta*. Gracias a Pablo Amster, este texto nos ayuda a *darnos cuenta* de tanta belleza despilfarrada por el mundo.

Ojalá todos hubiéramos tenido un guía como el autor para enseñarnos este universo; otro sería el recuerdo de las fatídicas horas frente a cuadernos, pizarrones y textos llenos de fórmulas jeroglíficas. Pero nunca es demasiado tarde para deshojar margaritas y saber que también hacemos Matemática cuando decimos *mucho, poquito, nada*.

Esta colección de divulgación científica está escrita por científicos que creen que ya es hora de asomar la cabeza por fuera del laboratorio y contar las maravillas, grandezas y miserias de la profesión. Porque de eso se trata: de contar, de compartir un saber que, si sigue encerrado, puede volverse inútil.

Ciencia que ladra... no muerde, sólo da señales de que cabalga.

Diego Golombek

Acerca del autor

Pablo Amster pamster@dm.uba.ar

Nació en Buenos Aires en 1968. Es doctor en Matemáticas de la Universidad de Buenos Aires, en la cual se desempeña actualmente como Profesor Adjunto del Departamento de Matemática de la Facultad de Ciencias Exactas y Naturales. Es investigador del CONICET. Publicó numerosos trabajos de investigación científica, y colabora en diferentes proyectos en universidades argentinas y extranjeras. Además, ha dictado conferencias y seminarios de divulgación, y escribió diversos textos destinados al público no matemático.

Índice

Prefacio 11

Capítulo 1. Una historia de amor 17
Fin y comienzo 19
¿Belleza matemática? 21
La Matemática no es el arte 33
Fernando Pessoa 34
La Matemática será tautológica 37

Capítulo 2. El poeta es un fingidor 45
La belleza clásica en los hechos matemáticos 49
La belleza romántica en los hechos matemáticos 53
La belleza en los métodos 74

Capítulo 3. Todos los matemáticos son mentirosos 85
Yo miento 85
No tan bien hecho 87
Representación e interpretación 90
El disparate no es de este mundo 95

El Zen en el arte de equivocarse con confianza 103
Un deseo que destroza el sistema 106
Una trama secreta 108

Capítulo 4. La mano de la princesa 111
Fondo y figura 111
El infinito 114
Una demostración fuera de serie 116
Bach explicado 118
Un texto que se explica a sí mismo 119

Epílogo
Último momento: la princesa se divorcia 121

Bibliografía comentada 123

Joven: en la Matemática uno no entiende las cosas; sólo se acostumbra a ellas.

Advertencia del matemático húngaro
J. von Neumann a uno de sus estudiantes.

Prefacio

Este es un libro atípico. En él se desarrollan —nadie podrá negarlo— algunos aspectos de la Matemática, esa disciplina que fue alguna vez definida como *la creación más original del ingenio humano*. Pero eso no es lo atípico, sino más bien *cómo* se desarrollan tales aspectos: el lector verá desfilar ante sí una variedad de temas, que van desde la literatura y la filosofía, hasta la música, los platos de sopa, las excursiones a los Alpes y las cartas de amor.

Divulgación

En todo caso, la propuesta es franca; hablar de Matemática a un público no necesariamente matemático, lo que en resumen suele llamarse: un texto *de divulgación*. Aunque eso entraña algún riesgo, como plantea el escritor (y físico) Ernesto Sabato:

> *Alguien me pide una explicación de la teoría de Einstein. Con mucho entusiasmo, le hablo de tensores y geodésicas tetradimensionales.*

—No he entendido una sola palabra —me dice, estupefacto.

Reflexiono unos instantes y luego, con menos entusiasmo, le doy una explicación menos técnica, conservando algunas geodésicas, pero haciendo intervenir aviadores y disparos de revólver.

—Ya entiendo casi todo —me dice mi amigo, con bastante alegría—. Pero hay algo que todavía no entiendo: esas geodésicas, esas coordenadas...

Deprimido, me sumo en una larga concentración mental y termino por abandonar para siempre las geodésicas y las coordenadas; con verdadera ferocidad, me dedico exclusivamente a aviadores que fuman mientras viajan con la velocidad de la luz, jefes de estación que disparan un revólver con la mano derecha y verifican tiempos con un cronómetro que tienen en la mano izquierda, trenes y campanas.

—Ahora sí, ¡ahora entiendo la relatividad! —exclama mi amigo con alegría.

—Sí —le respondo amargamente—, pero ahora no es más la relatividad.[1]

Lo que aquí se intenta, cabe aclararlo, es algo distinto. Sin duda se "conservan algunas geodésicas", aunque no resultan indispensables a la lectura: su propósito consiste más bien en estimular al lector antes que espantarlo.[2]

---

[1] E. Sabato, *Uno y el Universo*.
[2] Esto recuerda la anécdota escolar que relata Macedonio Fernández, según la cual sus padres inventaron unas calificaciones tan altas para estimularlo que él les pasaba cómodamente por debajo.

En todo caso, se presenta un panorama de la Matemática entendida no tanto como *ciencia*, sino casi como *arte*: un conjunto de mundos creados a partir de lógicas cuya finalidad última no es sino una rara forma de belleza. Porque, según afirmó uno de los más grandes matemáticos, el francés Poincaré: "Más que la lógica, es la estética el elemento dominante en la creatividad Matemática".

De cualquier forma, no es desatinado vincular la Matemática al *conocimiento*, sea científico o no. Nuevamente, es Sabato quien nos proporciona una buena descripción de lo que ello puede significar:

Es difícil separar el conocimiento vulgar del científico; pero quizá pueda decirse que el primero se refiere a lo particular y concreto, mientras que el segundo se refiere a lo general y abstracto. "La estufa calienta" es una proposición concreta, hasta doméstica y afectiva, con reminiscencias de cuentos de Dickens. El científico toma de ella algo que nada tiene que ver con estas asociaciones: provisto de ciertos instrumentos, observará que la estufa tiene mayor temperatura que el medio ambiente, y que el calor pasa de aquella a éste. En la misma forma examinará otras afirmaciones parecidas, como "la plancha quema", "las personas que tardan toman el té frío". El resultado de sus reflexiones y medidas será una sola y seca conclusión: "El calor pasa de los cuerpos calientes a los fríos". [...] si alguien tiene pleno conocimiento de que la "entropía de un sistema aislado aumenta constantemente", no sólo buscará una estufa para calentarse −resultado muy magro para veinte años de estudio− sino que podrá resolver una enorme cantidad de problemas, desde el funcionamiento de un motor hasta la evolución del Universo.

La conclusión que cierra el párrafo puede parecer algo ambiciosa, aunque buena parte de la descripción se ajusta muy bien a la Matemática; en especial, en lo que respecta a la búsqueda de enunciados universales. La diferencia, en todo caso, viene dada según lo que se entienda por "universo". La Matemática, al menos a partir del siglo XIX, ha dejado de ser absoluta; no persigue *la verdad*, pues la considera más bien como un avatar relativo a cada uno de los universos que ella misma construye. Es cierto que Platón afirmaba cosas tales como: "El objeto de la Geometría es el conocimiento de lo que siempre existe". Aunque, como veremos, en estos últimos tiempos ya no está tan claro qué quiere decir "lo que siempre existe".

El libro está dividido en capítulos, pero que en realidad no deben entenderse como tales sino más bien como retazos de una trama global. Las referencias literarias son múltiples; algunas obvias, como las de Borges o Lewis Carroll, aunque aparecen también alusiones a Poe, e incluso a textos clásicos: *La Ilíada* o *La Odisea*, por citar algunos.

Es un hecho ampliamente conocido que tras el delirante autor de *Alicia en el país de las maravillas* se esconde un severo matemático y hombre de la Iglesia, el reverendo Charles Dodgson. Lejos de ser un cuento para niños, el texto está plagado de intrincados laberintos lógicos, lo que llevó a Chesterton a decir: "El país de las maravillas de Carroll es un territorio poblado por matemáticos locos".

Respecto de Borges, la Matemática aparece en forma recurrente a lo largo de toda su obra. En algún momento el escritor Paul Valéry, sobre quien se ha forjado el concepto de *poética pitagórica*, declaró ser "un amante desdichado de la más bella de las ciencias".[3]

Borges expresó un sentimiento parecido —aunque algo más optimista— al describir en su comentario sobre el libro *Matemática e imaginación*, de E. Kasner y J. Newman, su pasión por

> ...*los inmediatos y accesibles encantos de las matemáticas, los que hasta un mero hombre de letras puede entender, o imaginar que entiende: el incesante mapa de Brouwer, la cuarta dimensión que entrevió More y que declara intuir Howard Hinton, la levemente obscena tira de Moebius, los rudimentos de la teoría de los números transfinitos, las ocho paradojas de Zenón, las líneas paralelas de Desargues que en el infinito se cortan, la notación binaria que Leibniz descubrió en los diagramas del* I Ching, *la bella demostración euclidiana de la infinitud estelar de los números primos, el problema de la torre de Hanoi, el silogismo dilemático o bicornuto.*

En cuanto a Edgar Allan Poe, el siguiente párrafo de la célebre "Filosofía de la composición" resume su concepción sobre la creación literaria entendida casi como un ejercicio lógico:

---

[3] La cita pertenece a una "carta inédita", aunque finalmente publicada por F. Le Lionnais en el libro *Las grandes corrientes del pensamiento matemático*.

> *Mi deseo es demostrar que ningún punto de la composición puede ser atribuido a la casualidad o la intuición, y que la obra ha marchado, paso a paso, hacia su solución con la precisión y la rigurosa lógica de un problema matemático.*

Merece una mención el caso del psicoanalista francés Jacques Lacan, cuyo empleo (algo heterodoxo) de diversas fórmulas y conceptos matemáticos le ha valido unas cuantas críticas. Sin embargo, el papel que otorga a tales usos es fundamental; tanto que llegó a decir, alguna vez: "No hay enseñanza más que Matemática, el resto es broma".

Existen también otras muestras de reconocimiento, como esta frase de San Agustín en la que puede percibirse una clara voluntad de "Matemática aplicada": "Sin la Matemática no nos sería posible comprender muchos pasajes de las Sagradas Escrituras".

Para concluir: si algo debe quedar en claro es que todas las citas, digresiones, alusiones y referencias no tienen otro fin que el de hacer la lectura más ágil y amena, e inspirar en el lector asociaciones diversas, que acaso su experiencia anterior en el terreno matemático no le haya brindado. Y tal vez, quién sabe, incitarlo a buscar al mismo tiempo nuevas y propias asociaciones; una finalidad sin duda justificada en los dichos de otro matemático célebre, el ruso Georg Cantor: "La esencia de las matemáticas es su libertad".

Capítulo 1
Una historia de amor

Vamos a comenzar con la historia de una princesa, cuya mano es disputada por un gran número de pretendientes. El cuento —extraído de una serie checa de dibujos animados— muestra en cada uno de los distintos episodios las tentativas de seducción desplegadas por alguno de los galanes, de lo más variadas e imaginativas. Así, empleando diferentes recursos, unos más sencillos y otros verdaderamente magníficos, uno tras otro pasan los pretendientes sin que nadie logre conmover siquiera un poco a la princesa. Quien conozca el dibujo acaso recordará haber visto a uno de ellos mostrar una lluvia de luces y estrellas; a otro, efectuar un majestuoso vuelo y llenar el espacio con sus movimientos.

Nada. La conclusión invariable de cada capítulo es un primer plano del rostro de la princesa, que nunca deja ver gesto alguno. Pero el episodio que cierra la serie nos proporciona el impensado final: en contraste con las maravillas ofrecidas por sus antecesores, el último de los pretendientes sólo atina a extraer de su capa, con humildad, un par de anteojos que da a probar a la princesa; la princesa se los pone, sonríe, y le brinda su mano.

Más allá de las posibles interpretaciones, la historia es muy atractiva y cada episodio por separado resulta de gran belleza. Sin embargo, sólo la resolución final nos deja la sensación de que todo termina por articularse. Existe un interesante manejo de la tensión, que hace pensar en cierto punto que *nada* conformará a la princesa: con el paso de los episodios y, por consiguiente, el agotamiento de los artilugios de seducción, comenzamos a enojarnos con esta princesa insaciable. ¿Qué cosa tan extraordinaria es la que está esperando? Hasta que, de pronto, aparece el dato que desconocíamos: la princesa no se emocionaba ante las maravillas ofrecidas, pues no podía verlas. Así que *ése* era el problema. Claro, si el cuento mencionara este hecho un poco antes, el final no nos sorprendería: podríamos admirar igualmente la belleza de las imágenes, pero encontraríamos algo tontos a estos galanes y sus múltiples intentos, ya que *nosotros* sabríamos que la princesa es miope. No lo sabemos; suponemos que la falla está en los pretendientes que le ofrecen demasiado poco. Lo que hace el último, conocedor del fracaso de los otros, es cambiar el enfoque del asunto. Mirar el problema de otra manera.

De no saber ustedes de qué trata este libro, quizá se sorprenderían ahora como se sorprendieron con el final de la historia: vamos a hablar (o estamos hablando) de Matemática. En efecto, hablar de Matemática no es solamente demostrar el teorema de Pitágoras: es, además, hablar del Amor y contar historias de princesas. También en la Matemática hay belleza; como dijo el poeta Fernando Pessoa: "El binomio de Newton es tan hermoso como la Venus de Milo; lo que pasa es que muy poca gente se da cuenta".

Muy poca gente se da cuenta; por eso se justifica haber comenzado por el cuento de la princesa. Muchas veces los matemáticos se sienten en el lugar del enamorado, esforzándose por exponer las más bellas cuestiones, sin que sus apasionados intentos tengan la respuesta esperada. Parece ponerse allí en juego algún aspecto de *lo imposible*: ¿cómo hacer para transmitir tal belleza a quienes, por la razón que sea, nunca la han experimentado?

Tratemos esta vez de acercarnos a la solución propuesta por el "galán humilde", que nos muestra que en ocasiones incluso una situación irresoluble tiene, en definitiva, una solución: basta con mirar el problema *de otra manera*. De la Matemática hay bastante para decir; por eso tiene sentido este texto. Sólo que intentaremos también nosotros mirar las cosas de otra manera, y empezar contando un cuento. El final de la historia es nuestro punto de partida.

Fin y comienzo

Ahora que el cuento fue contado, ustedes esperarán que se cumpla con el pacto y hablemos de la belleza matemática. Claro, la elección de la historia no fue casual; como en los pasos de una demostración, fuimos combinando los elementos unos con otros hasta que en cierto momento el punto de llegada se hizo bien visible. Suele ocurrir, en la Matemática; casi podría decirse que es una de las experiencias más frecuentes. La Matemática admite frases muy "tontas", como

$$9 + 16 = 25,$$

cuya verdad parece tanto evidente como inútil; sin embargo, la frase es bienvenida en diversos contextos. Hay que recordar, por ejemplo, que en el lenguaje de todos los días las cosas funcionan de un modo distinto al de la Lógica. Imaginemos que hablamos con un amigo acerca de dos personas; él me habla de un escritor, *autor del Quijote*, y nosotros de un soldado español, que perdió su mano en el curso de la batalla de Lepanto. En determinado momento de la charla, puede ser que alguno de los dos mencione el nombre: *Cervantes*.

Entonces, la sorpresa: "¡Ah, es *esa* persona!". Nosotros no sabíamos que Cervantes había escrito el *Quijote*; lo conocíamos solamente por una propiedad bastante menos feliz, la de ser el *manco de Lepanto*. Nuestro amigo, en cambio, estaba al tanto de que la frase *Cervantes es el autor del Quijote* era verdadera; tanto que para él no valía la pena siquiera enunciarla. En cambio, a partir de nuestra conversación fortuita cualquiera de nosotros es capaz de aceptar ya la validez de la altamente elaborada fórmula: *El manco de Lepanto es el autor del Quijote.*

Por supuesto que, una vez que incorporamos este hecho a nuestro bagaje de conocimientos (al parecer, no muy nutrido), la frase pierde su interés, es casi como decir: *El autor del Quijote es el autor del Quijote.*

Algo similar ocurre en la Matemática. Quizás suceda que por algún motivo nos encontremos trabajando por un lado con la cantidad 25, y por otro con las cantidades 9 y 16. Acaso en determinado momento sumemos estas últimas, y tenga lugar la sorpresa: "¡Ah, es *ese* número!"

Se nos podrá acusar de asombrarnos con demasiada facilidad, aunque la escena propuesta es bastante representativa. La gracia de un teorema consiste en conectar cosas que parecían inconexas, como dijo el matemático francés Poincaré: "La Matemática es el arte de nombrar de la misma manera a cosas distintas".

Si tomamos un triángulo rectángulo, y elevamos al cuadrado la medida de cada uno de sus lados: ¿no nos llevaremos una sorpresa al comprobar que hay dos de estas cantidades cuya suma es igual a la tercera? Bueno, acaso le haya ocurrido algo así a quienes descubrieron la relación pitagórica, unos cuantos siglos antes de Pitágoras; no vamos a sorprendernos ahora, pues conocemos el teorema general que afirma que tal cosa ocurre *cada vez* que uno toma un triángulo rectángulo. Después de Pitágoras, resultaría algo tonto sorprenderse; tanto como si dijéramos: ¡Ah, Cervantes *es* Cervantes![4]

¿Belleza matemática?

Pero, a todo esto, ¿qué es eso de que en la Matemática hay belleza? Si se tratase de un libro en donde la propuesta es ver si Cervantes es o no Cervantes, seguramente los lectores pensarían que *eso* se cae de maduro y no estarían leyendo. Nada hay, en realidad, que se caiga de maduro; hay quienes mucho se han explayado tanto acerca de la "cervanteidad"

---

[4] La situación descripta deja ver el carácter en realidad nada "tonto" del enunciado 9 + 16 = 25. Puede verse en ella una mera identidad aritmética, aunque la formulación equivalente que hemos insinuado,

$$3^2 + 4^2 = 5^2$$

podría llevarnos a pensar por ejemplo en las denominadas *ternas pitagóricas*: conjuntos de tres números enteros positivos (a, b, c) tales que $a^2 + b^2 = c^2$, de los cuales $(3, 4, 5)$ es apenas el primero. A partir de allí, pocos pasos restan para plantear un célebre problema que ha cautivado tanto a matemáticos como a no matemáticos por más de tres siglos: el problema del *último teorema de Fermat*, que más adelante comentaremos.

de Cervantes como de problemas similares. Sin embargo, se trata de discutir la cuestión, algo menos madura, de la belleza de la Matemática. Por más estético que resulte el teorema de Pitágoras, parece dudoso que haya muchos interesados en ir a verlo colgando y enmarcado en una pared. No en tanto teorema de Pitágoras.[5]

La belleza de la que hablamos es de un tipo muy particular; tanto que casi todo el mundo piensa que es más fácil emocionar a la audiencia con una guitarra, por ejemplo, que con un teorema.[6] Como sea, se puede afirmar que la Matemática produce belleza; una belleza no pictórica, escultórica, musical o literaria, sino una *belleza matemática*. Si preguntamos a alguien qué hay en *La Odisea* que lo hace un texto bello, quizás no lo sepa: hay *algo* que no es transmisible. De la misma manera, un matemático no podría explicar por qué lo conmueve el teorema de Pitágoras. *Algo* en el teorema lo hace maravilloso; no podemos decir qué es. Sin embargo, con un teorema no sucede lo que a veces sucede con una melodía: aunque no sepamos explicar por qué es bella, podemos ejecutarla y provocar un efecto. El teorema de Pitágoras, si lo enunciamos a alguien que no sabe lo que es un triángulo rectángulo, un cateto o una hipotenusa, no tendrá el menor sentido, y no resultará bello en ninguna forma. Quién sabe, con un poco de suerte quizá le parezca agradable nuestra manera de enunciarlo, nuestra voz

---

[5] En todo caso, sería más aceptable su presencia en un museo, si se tiene en cuenta la etimología de esta palabra: *Museion*, o *templo de las Musas*.

[6] Distinta situación es la que provoca la filosófica guitarra de Macedonio Fernández, que no servía para tocar: *No creo que fuera la guitarra de un abogado. Era la guitarra del pensar.*

o nuestros dibujos en el pizarrón; si exageramos un poco podemos pensar que incluso es capaz de emocionarse por alguno de tales motivos, pero en ninguno de esos casos podría decirse que captó la belleza matemática del teorema de Pitágoras. Por eso dijo el lógico y filósofo inglés Bertrand Russell: "La Matemática, cuando se la comprende bien, posee no solamente la verdad sino también la suprema belleza".

Pronto discutiremos también el tema de la "verdad", en realidad cuestionada por el propio Russell; por ahora nos limitaremos a señalar la fatídica aclaración que aparece como una condición necesaria para la apreciación de la belleza: "cuando se la comprende bien...".[7]

Pero antes de hablar de su belleza convendrá situarnos un poco mejor en relación con la Matemática. Vale la pena comentar un hecho que quizá cause alguna sorpresa: la mayoría de los matemáticos no la consideran una *ciencia*, no en el sentido usual del término. En general, tampoco se atreven a considerarla un arte (al menos no lo hacen en presencia de artistas), aunque el matemático inglés Hardy escribió en 1940:

> *Está, por una parte, la Matemática auténtica, la de los verdaderos matemáticos, y por otra, la que llamaré, a falta de mejor palabra, Matemática "trivial". Cabe dar argumentos que justifiquen la Matemática trivial... pero no cabe tal defensa para la verdadera Matemática, la cual, de requerir justificación, ha de ser justificada como arte.*

---

[7] Es interesante observar que la frase de Russell va un poco más allá, pues parece dar a entender que la belleza matemática depende del observador. ¿Será que si no se la comprende, entonces la Matemática no es bella?

Conviene aclarar que en estos párrafos Hardy buscaba distanciar la labor del matemático, *inocente e inocua*, de los estragos provocados por la utilización de los avances científicos y tecnológicos en la guerra y la destrucción. Aun cuando acepta que ciertas ramas de la Matemática fueron deliberadamente desarrolladas para tales fines, las califica como "... de una fealdad absoluta, e intolerablemente aburridas..."

Sin necesidad de caer en apasionamientos extremos, como término medio podemos convenir que la mayoría de los matemáticos tiene la íntima satisfacción de dedicarse a una disciplina tan cercana a las artes como a las ciencias, cuyo papel en el pensamiento humano ha sido comparado por el matemático inglés Whitehead al de Ofelia en *Hamlet*:

> ... es completamente indispensable al drama, es muy encantadora —y un poco loca—.

Para entender por qué se puede llegar a distinguir la Matemática de la "ciencia", conviene dar una idea intuitiva de lo que es una *teoría matemática*, a grandes rasgos consistente en:

Términos
Definiciones
Axiomas
Teoremas

A este esquema —muy simplificado, por cierto—, responde por ejemplo aquello que habitualmente llamamos *geometría*; al menos, ello es así desde que un antiguo mercader de

Mileto llamado Tales inventó la demostración.[8] En efecto, la geometría comprende una diversidad de *términos* como "punto", "recta" o "plano", convenientemente *definidos*, que, merced a determinadas reglas pueden combinarse de un modo adecuado para formar los *teoremas*. Conviene aclarar que las "reglas" suelen llamarse genéricamente *axiomas*.

En el fondo, un teorema no es otra cosa que eso; un enunciado que se comprueba haciendo empleo de los axiomas y las reglas. Si nuestra teoría definiera de alguna forma a los términos *Cervantes, autor del Quijote*, y *manco de Lepanto*, y estableciera como axiomas que

1) Cervantes escribió el *Quijote*,
2) Cervantes perdió su mano en Lepanto,

con la ayuda de la siguiente "noción común",

3) Dos cosas iguales a una tercera son iguales entre sí

podríamos entonces concluir:

---

[8] Los historiadores suelen conceder dicho mérito a Tales, quien en sus múltiples viajes se encontró con fórmulas matemáticas discrepantes entre los distintos pueblos. Por ejemplo, las de la Matemática babilónica, definida por los historiadores como una mezcla de semirreligiosidad y juego. Se dice que Tales inventó la demostración, pues no sólo tenía necesidad de discernir cuál de las fórmulas era la correcta, sino que además debía convencer a los demás de que lo era. Más allá de la validez del argumento, suena extraño pensar que "la inventó", aunque debemos reconocer que en esos tiempos todo estaba por inventarse... Eso recuerda a un cuento de W. Allen, en el que un discípulo visita a Sócrates en prisión y le transmite algunas de las novedades filosóficas del ambiente ateniense: "Me encontré con Isósceles. Tiene una idea estupenda para un nuevo triángulo".

Teorema cervantino: El autor del *Quijote* perdió su mano en Lepanto.

En la Lógica se abstraen los significados, de modo que los teoremas se construyen sobre los términos, sin que interese su interpretación más allá de la propia Lógica. Por ejemplo, en el razonamiento anterior, poco importa si Cervantes es el nombre de un personaje real, de ficción, o de alguna especie vegetal de las regiones cálidas. A tal tipo de sistema, con términos no definidos y axiomas (o reglas) suele conocérselo como *sistema formal*. La Ciencia se vale de los sistemas formales para efectuar sus razonamientos, lo que puede esquematizarse de la siguiente manera:

Axiomas científicos   Axiomas lógicos
↓   ↓
Leyes científicas   Teoremas lógicos

Aquí es donde la Ciencia se distancia de la Matemática. En la Ciencia hay un objetivo, o al menos así lo parece: explicar el universo. Una teoría científica será más o menos aceptable de acuerdo con el modo en que se adecue después al universo que percibimos, y cómo sirva para explicar o predecir fenómenos. Pueden coexistir distintas teorías, que expliquen las cosas de formas diferentes pero, por más que no se sepa si alguna de ellas es verdadera, se acepta una o la otra de modo excluyente. Puede que nunca sepamos, en definitiva, cómo es el mundo, pero no hay duda de que los físicos no aceptarían jamás una teoría, por elegante que fuera, si de ella se pudiera extraer la conclusión de que las cosas caen hacia arriba.

En Matemática es distinto. La historia más famosa es aquella de las *geometrías no euclidianas*, que más o menos dice así:

Existió, hace muchos años, un matemático llamado Euclides, que se ocupó de agrupar y formalizar los dispersos conocimientos matemáticos de su época en una obra monumental, los famosos *Elementos*. Su trabajo tiene el gran mérito de basar a todo el edificio geométrico en unos pocos cimientos, consistentes en cinco postulados y un puñado de nociones comunes, elegidos magistralmente entre un sinnúmero de propiedades más o menos evidentes. Se cuenta que el rey Ptolomeo de Alejandría preguntó a Euclides si no había una forma más sencilla de aprender geometría que la lectura de los *Elementos*, a lo que el sabio respondió: "No hay un camino a la geometría especial para reyes".

Con todo, aparecen en su obra ciertas lagunas, originadas en la indudable dificultad de distinguir lo axiomático de lo *intuitivo*. Por ejemplo, se usa sin postularse el "evidente" hecho de que un punto cualquiera de una recta la divide en dos partes separadas, que permite demostrar la siguiente "tontería":

Sean a, b, c y d cuatro puntos de una recta tales que:
 b está entre a y c
 c está entre b y d,
Entonces:
 b está entre a y d.

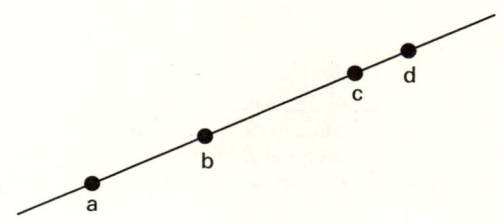

Pues bien, con los axiomas de Euclides esta "obvia" propiedad no puede probarse. Pero defectos de este tipo hay muy pocos y fácilmente reparables; todos ellos fueron descubiertos recién en el siglo XIX, más de dos mil años después de Euclides. Su obra es tan sólida y bien construida, que muchos historiadores dudan de la existencia del autor, y la atribuyen a la tarea de varios matemáticos.[9]

Pero en esta teoría hay un postulado que se destaca de los otros: algo debió prever el propio Euclides, pues prefirió evitar su uso mientras pudiera, y formular la mayor cantidad posible de teoremas sin recurrir a él. Se trata de un inocente postulado que dice:

Por un punto exterior a una recta se puede trazar una y sólo una paralela a dicha recta.

Esta es la versión más difundida, aunque difiere bastante del enunciado original de Euclides, un tanto más oscuro. Al margen de eso, su verdad parece indiscutible: ¿quién se atrevería a dudarlo? Sin embargo, este postulado terminó haciéndose célebre como el *quinto postulado de Euclides*; por algún motivo, su tan indudable verdad fue objeto de sospecha y muchos matemáticos se pusieron como meta demostrarlo a partir de los otros, para dar la cuestión por finalizada.

Entonces se sucedieron los esfuerzos. Muchas veces se

---

[9] Apelando a cierto espíritu fantasioso, podríamos imaginar que se trató de un grupo de sabios griegos que decidió autodenominarse *Euclides*, tal como ocurrió hace unas décadas con el grupo de matemáticos que se bautizó a sí mismo con el nombre de un fracasado general francés: Nicolás Bourbaki.

creyó haber dado con la solución, pero lo que en realidad se obtenía cada vez no era sino alguna forma equivalente del postulado (dos enunciados son equivalentes cuando a partir de cualquiera de ellos se puede probar el otro). Vale la pena mencionar algunas de las diversas versiones del quinto postulado, por ejemplo la que dio Posidonio en el siglo I a.C.:

Dos rectas paralelas son equidistantes,

o también la de Clavius en el siglo XVI:

Si tres puntos están de un mismo lado de una recta y equidistan de ella,
los tres puntos pertenecen a una misma recta.

Quizá sea justo decir que no todas estas formas equivalentes presentan el mismo grado de "evidencia". A modo de ejemplo, veamos el siguiente enunciado, que se deduce de los trabajos de Proclo, matemático bizantino y primer comentarista de Euclides:

Si una recta encuentra a una de dos paralelas, entonces encuentra a la otra.

El hecho parece bastante verosímil; por eso quizá nos sorprendamos al enterarnos de su equivalencia con esta otra versión, un teorema clásico mucho menos "elemental":

La suma de los ángulos interiores de un triángulo es igual a dos rectos.

Finalmente, mencionemos también la curiosa forma obtenida por Gauss a fines del siglo XVIII:

Existen triángulos de área arbitrariamente grande.

En el siglo XVII el jesuita Girolamo Saccheri efectuó una construcción a partir de la cual, tras negar el quinto postulado, obtuvo una línea que, según dijo, "repugna a la naturaleza de la línea recta". Resulta notorio que tan repugnante recta fuera la misma que aparecería, apenas un siglo más tarde, en los trabajos de matemáticos de lo más respetables, como el alemán Gauss, el húngaro Bolyai o el ruso Lovachevski. Esto determinó el nacimiento de nuevas geometrías, que hoy se conocen como *no euclidianas*.

Tradicionalmente, se denomina "no euclidianas" a aquellas geometrías en las que se conservan todos los postulados de Euclides, con excepción del quinto. El proceso no fue inmediato, pero tras siglos de no poder encontrar una demostración, los matemáticos comenzaron a pensar: ¿qué pasa si lo sustituimos por otro? Ello permite proponer dos enunciados diferentes, que se contradicen con el original de Euclides, y obviamente también entre sí:

Por un punto exterior a una recta no se puede trazar ninguna paralela a dicha recta.

Por un punto exterior a una recta se puede trazar más de una paralela a dicha recta.

Cada uno de estos posibles reemplazos da lugar a un mundo un tanto extraño, pero tales mundos son actualmente bien conocidos y aceptados: aunque en cierto modo "repugnantes" a la intuición, están perfectamente construidos sobre una base axiomática y son tan válidos como la geometría clásica. Pero en las geometrías no euclidianas muchas cosas funcionan de un modo distinto del que estamos acostumbrados; un teorema tan "indubitable" como el de Pitágoras es falso. Para comprender un poco mejor estas rarezas, veamos el aspecto que presentaría un triángulo en cada una de las respectivas geometrías. Dejando de lado los detalles, se puede pensar simplemente que dibujamos sobre un plano que en realidad es curvo; dependiendo de cómo es esta curvatura obtenemos una geometría o la otra. En ambos casos, se observa por ejemplo que la suma de los ángulos interiores de cada triángulo *no es igual* a 180 grados:

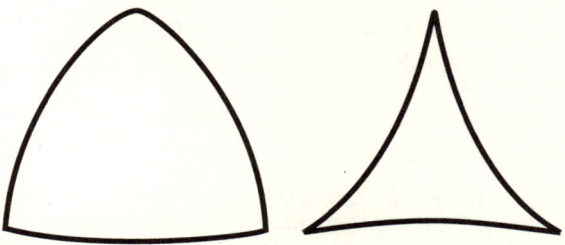

Pero entonces, ¿cuál es la geometría que rige al universo? Hasta hace poco no se dudaba de que *la* geometría, la única que se conocía, fuera verdadera; un influyente filósofo como Kant llegó incluso a postular que el espacio euclidiano es una *intuición pura a priori*. Precisamente a raíz de tan poderosas influencias, aquel gran matemático que fue Gauss no se atrevió a publicar sus trabajos sobre esta cuestión por temor, según dijo, al *griterío de los beocios*.[10]

En definitiva, lo único verdadero es que no hay una geometría "verdadera". Este descubrimiento produjo una seria conmoción en lo que respecta a la verdad: había una verdad absoluta, la de Euclides, hasta que vinieron unos lúcidos matemáticos a decir que no es así. La Matemática, hasta entonces la ciencia de la verdad por excelencia, se transformó en la forma más organizada de mentir, lo que dio lugar a una sugestiva frase: "La Lógica es el arte de equivocarse con confianza".

Vale decir: los teoremas son "verdaderos" en tanto combinación adecuada de ciertos axiomas; sin embargo, no hay quien pueda garantizar su verdad absoluta, desde el momento en que no se puede garantizar la verdad absoluta de tales axiomas. La Matemática no pretende *explicar* el Universo, sino que *construye* distintos universos. De esta forma, crea

---

[10] Cuenta la historia que Gauss, ante la multiplicidad de geometrías, intentó comprobar cuál de ellas era la verdadera. Haciendo muestra de un vigor envidiable, trepó a las cimas de los montes Brocken, Hohenhagen e Inselberg con el objeto de medir la suma de los ángulos interiores del triángulo determinado por sus picos. Tal afán de conocimiento de la verdad merece destacarse, aunque finalmente su ímpetu alpinista no le proveyera certeza filosófica alguna, sino apenas aire puro y bonitos paisajes. Tiempo más tarde Poincaré rechazaría la posibilidad de zanjar una cuestión tan delicada como la que se planteó Gauss por medio de la experiencia; más aún, diría que el problema en sí carece de sentido, pues una geometría no es más o menos *verdadera* sino más o menos *cómoda* para ser aplicada a cierto mundo. Dicho sea de paso, la geometría del universo que propone la celebrada teoría de la relatividad es no euclidiana.

su propio objeto; en este sentido no es tan aventurado afirmar que se parece al Arte.

La Matemática no es el arte

Hemos visto que se puede pensar a la Matemática un poco (¡nada más que un poco!) por fuera del campo de las ciencias; en nuestro entusiasmo hemos llegado a decir que, en el aspecto de la *creación*, se parece al Arte. Pero nadie piensa seriamente que la Matemática sea un arte: en realidad, si revisamos nuestro anterior esquema, podemos ver que en todo lenguaje las cosas funcionan de la misma manera, pues se tienen:

Términos: son las palabras que emplea el lenguaje,
Definiciones, que se refieren a los términos,
Reglas, que pueden ser gramaticales o de construcción,
Textos: son cadenas de palabras formadas mediante la aplicación adecuada de las reglas.

No obstante, por más que la noción de "texto" (más generalmente, podemos pensar en *producciones del lenguaje*) sea análoga a la de "teorema", es claro que en la Matemática los términos no interesan demasiado. Hace falta que existan términos para expresar las cosas; sin embargo, nada importará el criterio con el que los hayamos establecido. Eso es lo que quiso destacar el alemán Hilbert al anunciar:

En lugar de las palabras "puntos", "recta" y "plano" se debe poder decir en geometría sin inconveniente "mesa", "silla" y "vaso de cerveza".

Un teorema en español conserva su belleza si se lo traduce al alemán, al francés, a un lenguaje simbólico o al lenguaje que sea. Cosa que no ocurre por ejemplo con una poesía, cuya belleza se ve alterada con las traducciones. Ni hablar de lo que puede pasar con un cuadro, una escultura o una sinfonía, si los "traducimos" a otros lenguajes.[11]

Fernando Pessoa

Como dice un poema, me complace *dar a conocer un nombre*;[12] en este caso el de un maravilloso poeta portugués: Fernando Pessoa. A decir verdad, se trata de *muchos nom-*

---

[11] De todas las artes, quizás la Música merezca un párrafo aparte, pues es la que tradicionalmente ha sido vinculada a la Matemática en forma más directa. No es casual que uno de los primeros y más grandes teóricos de la Música haya sido Pitágoras; más aún, en la antigua Grecia se forjó una clasificación de la Matemática que se mantuvo vigente hasta el Renacimiento, conocida como *quadrivium* ("cuatro vías"): Teoría de Números, Geometría, Música y Astronomía. A fines del siglo XVII el gran filósofo y matemático alemán G. Leibniz escribió: "La música es un ejercicio de aritmética secreta, y el que se entrega a ella ignora que maneja números".

Poco tiempo después otro importante teórico de la música, el compositor J. P. Rameau, iba a invertir las cosas, al afirmar: "no es la música la que forma parte de las matemáticas, sino que por el contrario, las ciencias forman parte de la música, pues se basan en las proporciones, y la resonancia del cuerpo sonoro engendra todas las proporciones". La frase ha sido objeto de algunas críticas, quizá porque a simple vista (o "a simple oído") parece bastante difícil pensar que, por ejemplo, los seis casos de factoreo tienen mucho "swing", aunque algunos enunciados matemáticos, como el teorema de Tales, han sido musicalizados con bastante éxito. Hablando más seriamente, más de un autor ha mostrado que existen profundas vinculaciones estructurales entre la Matemática y la Música.

[12] En realidad el poema (que se verá más adelante) habla de dar a conocer *un nombre*, pero en francés; vale decir, un *número*.

bres: este poeta es, en realidad, varios poetas diferentes. Algunas poesías llevan su "auténtica" firma; otras, la de Álvaro de Campos, Ricardo Reis, Alberto Caeiro, y algunas más. Pero no se trata de seudónimos: Pessoa los denomina *heterónimos*, y no vacila en considerarlos como nombres de personas diferentes. Resulta algo curioso; es más frecuente observar la situación opuesta, en donde varias personas crean a una: por ejemplo "el" matemático Bourbaki (que, como dijimos, era en realidad un grupo de matemáticos que firmaba con un único seudónimo), o el argentino Bustos Domecq, creación conjunta de Jorge Luis Borges y Adolfo Bioy Casares. Sin embargo, la construcción de Pessoa habla de cierta dualidad, caracterizada por tratarse de *uno* que es *muchos*. Cada heterónimo posee un estilo propio de escritura; más aún, cada uno de ellos tiene su particular biografía. Sabemos por ejemplo que Caeiro nació en Lisboa en 1889, vivió casi siempre en el campo y murió tuberculoso en 1915; sabemos también que el doctor Ricardo Reis, el ingeniero naval Álvaro de Campos y el propio Pessoa fueron sus discípulos. Hay en Pessoa una *necesidad* de componer a todos esos poetas, composición que parece formar parte de un plan mayor: "Estas individualidades deben ser consideradas como diferentes a las de su autor. Cada una de ellas forma una especie de drama; y todas ellas juntas integran otro drama. Es un 'drama en gente', en vez de ser en actos".

El poeta guardaba sus creaciones junto con las cartas personales en un baúl, al que el escritor italiano Antonio Tabucchi bautizó como *un baúl lleno de gente*. Existen numerosos estudios sobre Pessoa; muchos de ellos coinciden en calificar de esclarecedor el fragmento de la carta que escribió a un crítico, en donde explica la génesis de los heterónimos:

> *Empiezo por la parte psiquiátrica. El origen de mis heterónimos es el profundo rasgo de histeria que hay en mí. No sé si soy sencillamente histérico, o si soy más propiamente histérico-neurasténico. Tiendo hacia esta segunda hipótesis, porque en mí se dan fenómenos de abulia, que la histeria propiamente dicha no comprende en el registro de sus síntomas. Sea como fuere, el origen mental de mis heterónimos está en mi tendencia orgánica y constante hacia la despersonalización y la simulación.*

Tal "tendencia hacia la despersonalización" queda muy bien expresada en uno de los poemas más famosos firmados por Pessoa, que da un encuadre a toda la obra, y comienza diciendo: "El poeta es un fingidor". Sin embargo, la ficción alcanza matices imprevistos cuando los heterónimos, en especial Álvaro de Campos, comienzan a inmiscuirse en sus asuntos amorosos. Así lo cuenta quien fuera en realidad el único amor que se le ha conocido, la mecanógrafa Ophélia Queiroz:

> *Fernando era un poco confuso, principalmente cuando se presentaba como Álvaro de Campos. Me decía entonces: "Hoy, no he sido yo el que ha venido, ha sido mi amigo Álvaro de Campos...". Se portaba en tales ocasiones de una manera totalmente diferente. Disparatado, diciendo despropósitos. Un día, cuando llegó a mi lado, me dijo: "Traigo una incumbencia, señora, la de meter la fisonomía abyecta de ese Fernando Pessoa en un cubo de agua." Y yo le respondía: "Detesto a ese Álvaro de Campos. Sólo quiero a Fernando Pessoa." "No sé por qué —me respondió–, mira que tú le gustas mucho".*

A decir verdad, el ingeniero no estaba muy satisfecho con estos romances; consciente de ello, Pessoa propuso a Ophélia una cita a la que acudiría "sin Alvaro de Campos". Pero finalmente este último ganó la partida, y los amantes dejaron de verse poco tiempo después.

Para no alejarnos de nuestra temática, vamos a dejar a la persona-Pessoa ahora, y nos referiremos a sus poemas oportunamente. Mientras tanto podemos comenzar a conectar lo que hemos dicho, y afirmar que también el matemático es, en definitiva, un fingidor.

La Matemática será tautológica

Hemos dicho que un teorema no es otra cosa que una proposición que se demuestra a partir del empleo adecuado de los axiomas y las reglas. En realidad, eso expresa más bien una postura, cuyo grado extremo lo constituye el denominado *logicismo* de Bertrand Russell, que prácticamente no distingue entre Lógica y Matemática. Más adelante hablaremos de ello; ahora nos detendremos en una famosa frase de Russell: "La Matemática es una vasta tautología".

¿Qué es una tautología? El uso habitual de esta palabra nos hace pensar en una perogrullada, una afirmación evidente; con un poco más de precisión podemos decir: es un enunciado que siempre es verdadero, independientemente de la verdad de sus componentes. Antes de seguir veamos un ejemplo clásico:

Llueve o no llueve.

Más allá de que diluvie o brille el sol, la frase es verdadera; es el principio de tercero excluido, el mismo que en la Lógica se enuncia

$$p \vee -p$$

y se lee:

$$p\ o\ no\ p$$

He aquí una tautología: podemos reemplazar a p por cualquier proposición, verdadera o falsa, y eso no afectará a la verdad de *p o no p*. Hay muchos enunciados "evidentes" como el anterior; por ejemplo, el *principio de identidad*

$$p \Rightarrow p\ (p\ implica\ p)$$

o el de *doble negación*:

$$-(-p) = p\ (no\text{-}no\ p\ es\ equivalente\ a\ p)$$

Respecto del tercero excluido, un buen ejemplo aparece en el siguiente diálogo extraído de *A través del espejo*, de Lewis Carroll. Como se menciona en el prefacio, este autor era matemático, antecedente que seguramente influyó en el tono de esta conversación mantenida por Alicia y el Caballero Blanco:

—Permítame —dijo el Caballero con tono de ansiedad— que le cante una canción.
—¿Es muy larga? —preguntó Alicia, que había tenido un día poéticamente muy cargado.
—Es larga —dijo el Caballero— pero es muy, muy *hermosa. Todo el que me la oye cantar, o bien prorrumpe en llanto, o bien...*

—¿O bien qué? –dijo Alicia al ver que el Caballero se había callado de repente.
—O bien no prorrumpe.

Vemos así que una tautología puede tener efectos diversos en el campo del lenguaje. En la Lógica, toda verdad es tautológica; luego, si Russell considera que la Matemática y la Lógica son una misma cosa, su frase se entiende mejor ahora. No se trata de que Russell sintiera antipatía por la Matemática, aunque tenía cierta debilidad por las frases efectistas. Para reforzar esta sensación, bien vale recordar otra de sus citas más celebradas: "La Matemática es una ciencia en donde nunca se sabe de qué se habla, ni si lo que se dice es verdadero".

Hay que decir que, salvo quizá por lo de "ciencia", esta visión no difiere demasiado de la que hemos venido desarrollando. En todo caso, la situación no es mucho peor que la reportada por la arqueóloga Mary Leakey con relación a su actividad: "En esta ciencia, uno nunca sabe qué es lo que va a buscar, ni lo que va a encontrar".

Si estudiamos la Lógica de acuerdo con la perspectiva histórica (a menudo bastante poco lógica), no podemos omitir las antiguas elucubraciones aristotélicas, en particular los silogismos. *Todos los hombres son mortales; Sócrates es hombre; luego, Sócrates es mortal*: tan obvios resultan que en realidad nada agregan a nuestro conocimiento. Esa es la acusación que, en general, debe soportar cualquier sistema lógico.

Sin embargo, no es una acusación que deba preocuparnos demasiado. Bien mirada, ninguna construcción agrega gran cosa al conocimiento: una vez establecidas las bases, todo desarrollo que de ellas se deduzca será pura tautología.

Algunos autores se atreven a decir que, en definitiva, lo mismo ocurre con cualquier composición, ya sea poética, pictórica o musical. Incluso podemos ir un poco más lejos, y presentar a la más "vasta" de todas las tautologías, la que ha motivado mayor número de comentarios, y comentarios de comentarios. Se trata del episodio bíblico de la zarza ardiente, en el que Moisés pregunta a Dios cuál es su nombre. El gran profeta debía estar preocupado pues, cuando su pueblo le preguntara en nombre de quién deberían seguirlo, ¿qué iba a contestar? Entonces Dios, al mejor estilo del Caballero Blanco, ofrece una respuesta por demás esclarecedora: *Soy el que soy*.

Veamos ahora el siguiente fragmento de Pessoa:

A veces, y el sueño es triste,
en mis deseos existe
lejanamente un país
donde ser feliz consiste
solamente en ser feliz.

No está mal: ser feliz consiste en ser feliz... seguramente Russell podría decirnos de qué país se trata.

Es bastante claro que, como ocurre con los textos de Lewis Carroll, la Matemática no se queda en la pura tautología: aunque en rigor sea cierto que el teorema de Pitágoras se desprende tautológicamente de los axiomas de Euclides, eso no ocurre en forma inmediata. En todo caso, si contamos únicamente con los escasos *elementos* que nos brinda Euclides, la demostración del teorema nos demandará un esfuerzo considerable.

Existen, de todas formas, distintas formas de *ver* (o acaso *intuir*) la validez del teorema. Por ejemplo, por medio de la siguiente figura se puede comprobar que la suma de las áreas de los cuadrados sombreados al comienzo, cuyos lados coinciden con los catetos de cada triángulo, es igual al área del cuadrado sombreado de la figura 3, que se apoya sobre la hipotenusa. Tal igualdad se obtiene simplemente por el desplazamiento sucesivo de los triángulos 1, 2 y 3:

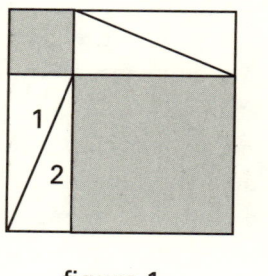

figura 1

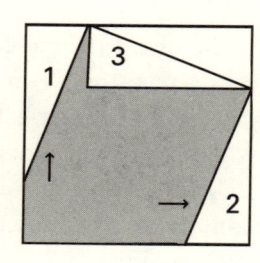

figura 2

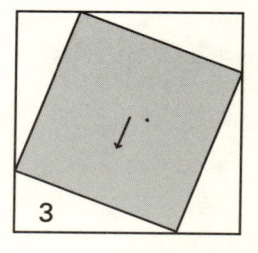

figura 3

Más allá de que pueda existir una gran variedad de "comprobaciones" sensacionales de los más diversos teoremas, estos no suelen ser en absoluto triviales, con lo cual la "tautología" de probarlos paso por paso se torna más bien imprescindible. Tanto que es, en realidad, la propia esencia de la Matemática. En otras palabras, no podría afirmarse que la geometría consiste *exclusivamente* en unas cuantas definiciones, axiomas y postulados, por más que dicho material sea suficiente para llevar a cabo todas las demostraciones.

Del mismo modo, nunca vamos a decir que la Música es aquello que proviene de combinar sonidos de acuerdo con ciertas pautas; todo el mundo estará de acuerdo en que se trata de algo más que eso. El desarrollo de una obra musical es análogo al desarrollo de una demostración; cada paso se sigue del anterior en virtud de alguna lógica. El autor norteamericano D. Hofstadter encuentra una buena ilustración de esta idea en la obra *Liberación*, del pintor holandés M. C. Escher, a la que considera una metáfora de los sistemas formales. Como en tantas de sus "metamorfosis", puede verse allí el diseño geométrico de unos triángulos, que se transforman finalmente en aves: ello sugiere, según Hofstadter, que a partir de una base rígida como puede ser un conjunto de axiomas o reglas, se pueden *liberar* consecuencias diversas. Una de dichas "aves", de alto vuelo, podría ser el teorema de Pitágoras.

Ya que hemos hablado de cuadros, vamos a concluir nuestro retrato de los sistemas formales. Dijimos que en ellos hay, como en un juego, términos y reglas: si pensamos por ejemplo en el ajedrez, los términos corresponden a las piezas mientras que las reglas son las que indican cómo disponerlas sobre el tablero y cómo moverlas. De acuerdo con esta analogía, cualquier posición en el transcurso de una partida tiene el valor de un teorema, pues surge de haber combinado las reglas en forma sucesiva a partir de la posición inicial. Al igual que en la Matemática, eso puede verificarse: basta con volver a recorrer una por una las movidas efectuadas hasta llegar a la situación deseada. Sin embargo, no toda disposición de las piezas corresponde a una partida plausible, aunque... ¿cómo saberlo? Aquí el recorrido desde el comienzo no parece ayudar lo suficiente, pues el hecho de no caer en la posición deseada no implica su imposibilidad: puede que se trate tan solo de no haber dado con la combinación adecuada de movimientos. Existe otra forma de "refutar" un tablero, que bien podríamos llamar *reducción al absurdo*: se trata de partir de la posición dada y continuar la supuesta partida hasta obtener una abierta contradicción con las leyes del juego; vale decir, una posición que *repugna a la naturaleza del ajedrez*.

Aunque no siempre es factible, puede haber maneras de allanar la tarea mediante ciertos "principios" que sean aplicables a cualquier caso: por ejemplo, no hace falta un esfuerzo muy grande para razonar que un tablero con dos alfiles blancos en dos casillas del mismo color no es un "teorema".[13] Más allá de los aspectos prácticos, la situación nos pone ante un problema de carácter general: ¿existe una receta capaz de comprobar, dado un enunciado cualquiera del lenguaje, si se trata o no de un teorema? Ya hablaremos de ello.

Detrás de la idea de sistema formal se esconde también otra

---

[13] Podríamos imaginar incluso nuevas variantes, como la de intentar recorrer la partida al revés; sin embargo, el mecanismo del absurdo ya no resultaría, en especial si en el tablero no están todas las piezas.

noción muy importante: la noción de *isomorfismo*. En un sentido amplio, podemos decir que dos objetos son isomorfos cuando tienen la misma estructura. Para las teorías matemáticas o científicas, o los lenguajes, podemos hablar de isomorfismo cuando los sistemas formales sobre los que se apoyan son equivalentes, más allá de la multiplicidad de posibles interpretaciones. Así, hay isomorfismo lógico entre los razonamientos

> *Todos los múltiplos de 4 son pares,*
> *Algunos múltiplos de 3 son múltiplos de 4,*
> *luego, algunos múltiplos de 3 son pares,*

y este otro, propuesto por Lewis Carroll:

> *Todos los gatos entienden francés,*
> *algunos polluelos son gatos,*
> *luego, algunos polluelos entienden francés.*

Los distintos sistemas de leyes se encuentran atravesados por una lógica que les es común. La ley Matemática tiene su correlato en la ley jurídica, o la ley bíblica o las leyes científicas, filosóficas, o las que rigen al Arte. Pero ahora, las leyes que rigen a este libro indican que el primer capítulo ha terminado.

Capítulo 2
El poeta es un fingidor

> *El poeta es un fingidor.*
> *Finge tan completamente*
> *que hasta finge que es dolor*
> *el dolor que en verdad siente.*
>
> FERNANDO PESSOA

En el capítulo anterior mencionamos a Fernando Pessoa, el poeta portugués. Recordarán que este autor es a la vez distintos poetas, y que a tal multiplicidad hemos dado cierto sentido matemático. Esencialmente, dijimos que el matemático es un fingidor; apoyados en esta idea, seguiremos narrando ficciones. En algún momento mencionamos también a Bertrand Russell, quien presentó a la Matemática como una *ciencia* en donde nunca se sabe de qué se habla, ni si lo que se dice es verdadero... Tal es la idea de ficción que nos interesará aquí: un interés que va más allá del mero placer de narrar. Por eso empezamos con el cuento de la princesa, que es en cierta forma el marco de este libro; por eso contaremos muchos cuentos distintos.

Respecto de la *verdadera existencia* de las ficciones creadas, vale la pena traer aquella antigua discusión acerca de los unicornios: cualquiera de nosotros sabe qué es un unicornio; podemos incluso describir su aspecto, o imaginarnos, quizá, que vive en las praderas o los bosques templados. Haciendo un esfuerzo un poco mayor podremos dar incluso más detalles; decir cómo vive, que come tal o cual hierba, y otras cosas. Sin embargo, cuando recordamos al legendario unicornio de la mitología, sabemos que se trata de una ficción, que este animal no habita ninguna región de la Tierra. ¿Alcanza eso para decir que no existe? ¿No conocen ustedes diversos mitos y creaciones literarias en torno a este animal inexistente? En todo caso, lo apropiado sería decir que el unicornio no existe *en cierto mundo*.

Del mismo modo, en el mundo de los números naturales (es decir, los enteros positivos) es ficticio imaginar un elemento que sumado a 5 dé por resultado 3, tanto como lo es imaginar un número racional (un cociente o *razón* de números enteros) cuyo cuadrado sea 2. En realidad, el número conocido como la raíz cuadrada de 2 ciertamente *existe*; de acuerdo con nuestra moderna escritura decimal podemos escribirlo de la siguiente forma:

$$1,4142356237\ldots$$

Sin embargo, se trata de un número cuyo desarrollo decimal es *no periódico*, lo que equivale a decir que no puede tratarse de un racional. En el mundo de los racionales, la raíz cuadrada de 2 es un ser mitológico. De la misma manera, apoyados en el hecho de que todo número elevado al cuadrado da un resultado positivo, muy sueltos de cuerpo decimos que la ecuación

$$x^2 + 1 = 0$$

no tiene soluciones. Pero, en el contexto apropiado, puede encontrarse una solución (en rigor, dos), a la que los matemáticos han dado un maravilloso nombre: *número imaginario*. ¿Podría inventarse un nombre mejor para hablar de esa "inexistente" raíz cuadrada de –1?[14]

Como parte de la serie de historias que vamos a considerar hay una, muy breve, que guarda relación con la frase de Russell. Se trata de dos personas que viajan en globo, cuando son empujados por un fuerte viento que los aleja y les hace perder el rumbo. Extraviados, se encuentran volando sobre una región desconocida; ven entonces, allí abajo, a un hombre, a quien preguntan:

—¡Hola! ¿Dónde estamos?
—En un globo —responde el otro.
Entonces uno de los que iban en el globo dice a su compañero:
—¿Ves? Ese individuo es matemático. Lo que nos dijo es verdad, pero no sirve para nada.

Basándonos en lo que hemos dicho acerca de la ficción, resulta ya discutible aquello de que, en la Matemática, *lo que se dice es verdad*. Pero también conviene resaltar esta otra idea: *no sirve para nada*, que parece llevarnos otra vez a una visión de la Matemática como una gran tautología que nada agrega al conocimiento.

---

[14] Es interesante recordar también la forma en que el matemático italiano Cardano se refería a los enteros negativos: los denominaba *numeri ficti*, dejando bien claro que en cierta forma los consideraba ficciones. Una actitud similar manifestó Leibniz hacia aquellos números que llamó *característicos*, mediante los cuales pretendía llevar a cabo su anhelo de reducir la filosofía a un cálculo. Respecto de la existencia de tales entidades, no vaciló en decir: "Fingiré que estos maravillosos números característicos nos son dados".

Hablábamos de la belleza de la Matemática, al margen de que lo habitual sea esperar hallarla más bien en el Arte. Al respecto, vale la pena comentar algunas de las ideas que aparecen en un artículo del matemático François Le Lionnais, en el libro *Las grandes corrientes del pensamiento matemático*. Según sus palabras: "Nadie se propuso inclinarse sobre la Matemática como sobre un objeto de arte —el arte matemático— y por consecuencia hacer de ella una estética".

Su artículo no pretende fundar tal estética; *sólo aspira a esbozarla*. Por supuesto, es difícil hablar formalmente de estética o de belleza; de los inconvenientes para definirla, incluso en el lenguaje común, nos dan cuenta distintos artistas. Uno de los más importantes arquitectos del siglo XX, Le Corbusier, quien alguna vez declaró haber sentido la necesidad de una "intervención matemática", definió a la belleza en términos que pueden resumirse como: *forma al servicio de la función*. Pero a este concepto se ha replicado que existen narices que respiran muy bien sin ser bellas.

En el artículo de Le Lionnais se propone definir la belleza matemática bajo dos grandes rótulos: *clasicismo* y *romanticismo*. Todos tenemos alguna experiencia de lo que quieren decir estos términos en el campo del Arte: clasicismo es la forma acabada, perfecta, elegante. Ya conocen la música del período clásico: obras en donde todo encaja con precisión. El romanticismo, en cambio, representa más bien lo caótico, lo inalcanzable, lo imprevisto. Vale la pena traer como ejemplo una frase del poeta Baudelaire: "La irregularidad, es decir, lo inesperado, la sorpresa o el estupor son elementos esenciales y característicos de la belleza".

Las dos tendencias son ilustradas por Le Lionnais con las siguientes citas:

Clasicismo:
Yo estaba asombrado por el arte con que los matemáticos alejan, rechazan poco a poco todo lo que es inútil para llegar a expresar lo absoluto, con el menor número de términos posibles y conservando en la disposición de estos términos una selección, un paralelismo y una simetría que parecen constituir la elegancia y la belleza visible de una idea eterna.

(Edgar Quinet)

Romanticismo:
Lo que más nos asombra cuando comparamos la Matemática de nuestro tiempo con la de épocas anteriores es la extraordinaria diversidad y el aspecto imprevisto de los caminos y los atajos por los que esta ciencia se ha embarcado, es el desorden aparente con que ejecuta sus marchas y contramarchas, son las maniobras y los continuos cambios de frente.

(Pierre Boutroux)

Además, el autor distingue en su estudio dos formas de apreciar la belleza matemática: una, en los *hechos*; otra, en los *métodos*.

La belleza clásica en los hechos matemáticos

Dice Le Lionnais:

Una proposición Matemática es de una belleza clásica cuando ella nos colma, ya sea por su capacidad de aná-

lisis, sea porque permita unificar una variedad, sea porque asocie estas dos impresiones en una construcción armoniosamente dispuesta.

En general, podemos pensar en la idea de *orden*, predominante en la Matemática: desde tiempos inmemoriales, siempre ha entusiasmado al matemático encontrar un detalle que revele un patrón, una trama coherente en el caos original. En algún sentido, en su actividad el matemático intenta "separar la luz de la oscuridad": como en el relato bíblico del Génesis, la creación matemática viene a veces determinada por la búsqueda de un orden. Se cuenta la siguiente anécdota: cuando niño, Einstein tardaba más de lo normal en empezar a hablar. Sus preocupados padres no sabían qué hacer, hasta que un día, a la hora de la cena, el pequeño dijo: *La sopa está demasiado caliente*.

Naturalmente, los padres se sintieron contentos al ver que su hijo hablaba a la perfección. No obstante, le preguntaron por qué no lo había hecho hasta ese entonces, a lo que Albert contestó: *Antes todo había estado en orden*.

Más allá de las leyendas, es cierto que la "tautología" de los teoremas matemáticos tiene la virtud de entusiasmar, al poner orden allí donde parece no haberlo. La demostración de un teorema hace que el planteo se complete sin dejar cabos sueltos, como en el cuento inicial de la princesa. Le Lionnais da algunos ejemplos sobre la belleza clásica en los hechos matemáticos:

> *... en un triángulo cualquiera, los puntos medios de los tres lados, los pies de las tres alturas y los puntos medios de los tres segmentos que unen el ortocentro (o punto*

de concurrencia de las alturas) a los tres vértices están situados en una misma circunferencia llamada Círculo de los nueve puntos *o* Círculo de Euler. *Así, nueve puntos que provienen de tres definiciones diferentes vienen a estar situados sobre una misma circunferencia, como bailarinas de ópera en una figura coreográfica.*

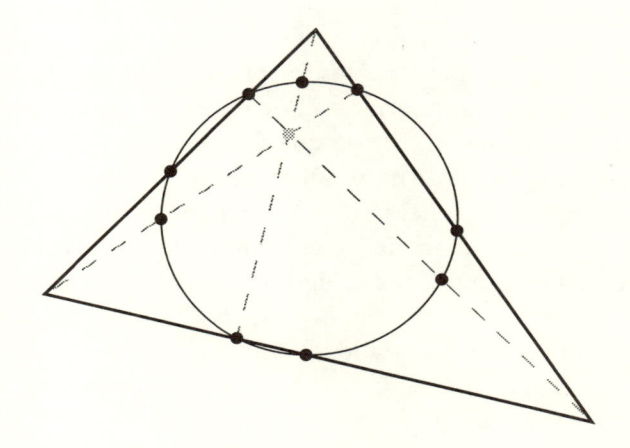

Menciona también a la cicloide, conocida como la *Helena de la Geometría*. La cicloide es una curva que se puede definir de una manera muy sencilla: se obtiene al considerar el movimiento de un punto de una circunferencia que gira sin deslizarse sobre una línea recta. Si hablamos precisamente de curvas, habría que pensar que frente a Helena la cicloide sale perdiendo (seguramente Paris no se habría dejado tentar ante una "belleza" semejante):

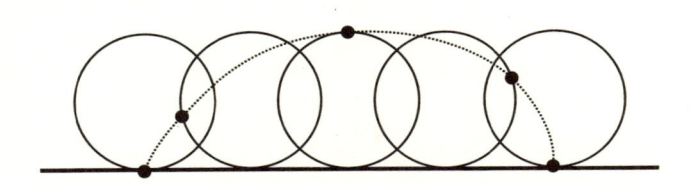

Sin embargo, son otras las propiedades que otorgaron a la cicloide tan grande fama. Por empezar, propiedades analgésicas: cuenta la historia que Pascal se dedicó a estudiarla para distraerse de un profundo dolor de muelas; al cabo de algunas horas, para gran sorpresa de su odontólogo, el dolor había desaparecido. Pero entre sus cualidades auténticamente matemáticas se destaca su importancia en el perfeccionamiento de un gran invento de Christian Huygens: el reloj de péndulo. En realidad, el holandés patentó el reloj en 1657, pero no estaba del todo satisfecho con su invento, pues se dio cuenta de que el tiempo requerido por el péndulo para completar un ciclo dependía de la amplitud de la oscilación. Esto provocaba algunas irregularidades en la marcha de los relojes, cosa más que intolerable en los Países Bajos. Huygens dedicó entonces algunos años a diseñar el "péndulo perfecto": tras una serie de cálculos, logró demostrar que la línea *isócrona* que estaba buscando, aquella en la cual el tiempo del movimiento pendular no dependiera de la amplitud, no era otra que la cicloide, y construyó un aparato capaz de oscilar siguiendo la trayectoria de tan noble curva. Podemos finalmente mencionar el *problema de la braquistócrona*, resuelto a fines del siglo XVII por cinco matemáticos ilustres: Leibniz, Newton, L'Hôpital y los hermanos Johann y Jakob Bernoulli:

> *Dados dos puntos A y B de un plano vertical, hallar una línea que los conecte, de manera tal que un punto móvil descienda desde A hacia B por efecto de la gravedad con la mayor rapidez posible.*

Resultó una gran sorpresa que la solución de este problema fuera precisamente aquella curva que, aunque desconocida en Troya, causaba ya furor entre dentistas y relojeros.

Un espíritu entusiasta podrá proponer una infinidad de ejemplos como los anteriores, pero... basta de elegancia por el momento: es hora de pasar a la siguiente manifestación de la belleza.

La belleza romántica en los hechos matemáticos

Para Le Lionnais, la belleza romántica se basa en "el culto de las emociones violentas, del no-conformismo y de lo extravagante".

El primer sustento de esta descripción lo constituye la noción de asíntota. Pongamos por caso la función $y = 1/x$, cuyos valores se hacen más pequeños a medida que la variable x toma valores cada vez más grandes:

x	y
1	1
2	0,5
5	0,2
100	0,01

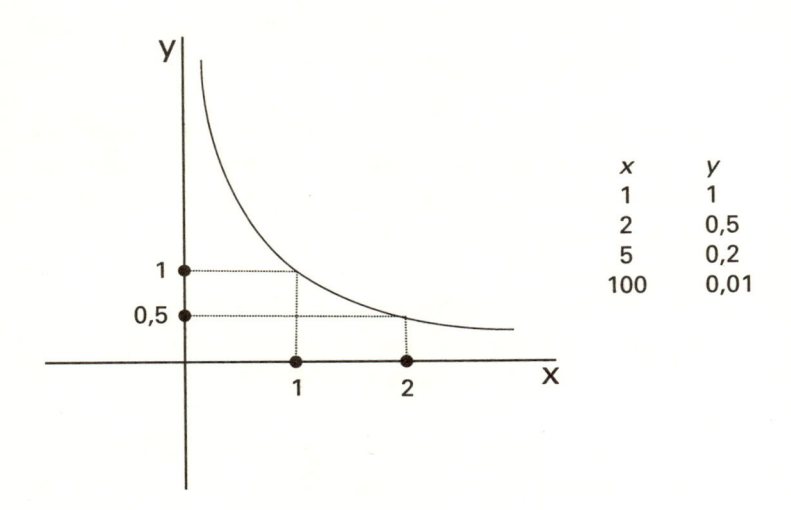

En tal caso se dice que el eje horizontal es una asíntota; se trata de un concepto actualmente muy común en cualquier curso de análisis matemático. Pero en su momento debió de tratarse de algo enigmático, como puede apreciarse en la siguiente descripción de Montaigne: "Jacques Peletier me decía en casa que había hallado dos líneas que van una al encuentro de la otra para unirse y que, sin embargo, según pudo él verificar, nunca llegan a tocarse, hasta el infinito".

Le Lionnais ofrece una lista de hechos y resultados matemáticos, a los que califica de tener una apariencia aberrante; gráficas de curvas a las que "ilustra" con una cita del pintor Delacroix: "Hay líneas que son monstruos".

La frase no podría ser más apropiada, en especial si se piensa en aquello que ha dado en llamarse *teratología* (*teratos* significa precisamente "monstruo"), entre cuyos exponentes más tenebrosos figura una curva sobre la cual el francés Hermite dijo: "Me aparto con espanto y horror de esta lamentable plaga".

Vale la pena entender mejor las razones de semejante horror, concerniente a las denominadas *funciones continuas*: intuitivamente, se trata de aquellas curvas que se grafican sin levantar el lápiz del papel. Para definir a la recta tangente, la idea geométrica que proporciona la siguiente figura es más o menos clara:

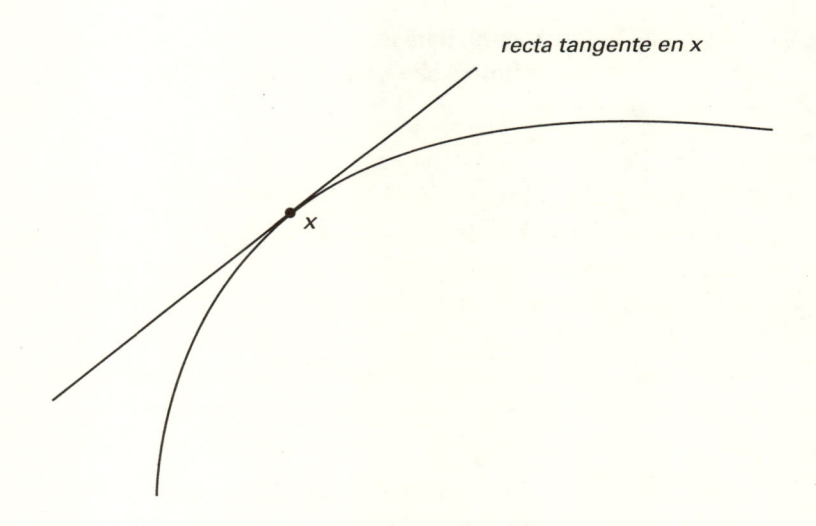

recta tangente en x

Hay curvas que, si bien son continuas, pueden no tener tangente en alguno de sus puntos: es lo que habitualmente se denomina una *singularidad*. Por ejemplo, la siguiente curva tiene recta tangente en cualquiera de sus puntos, salvo en x:

curva continua con singularidad en x

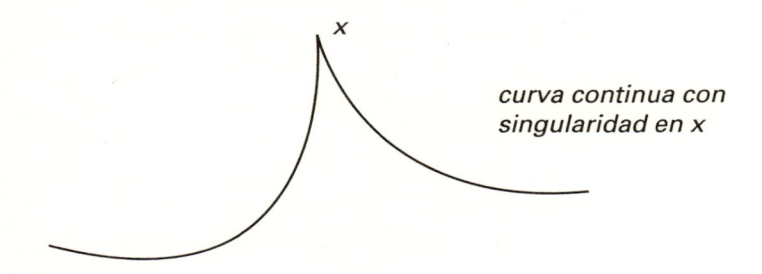

De esta manera, es fácil imaginar una curva continua con muchas, o incluso infinitas singularidades:

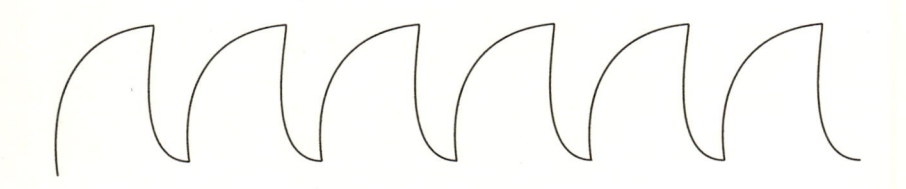

La novedad de la "lamentable plaga" que tanto espantara a Hermite, verdaderamente lejana a toda intuición, es que una curva continua pueda tener una singularidad en *cada uno* de sus puntos. Se trata de una entidad matemáticamente bien definida, aunque imposible de dibujar. Pero podemos dar una noción aproximada por medio de una de las más grandes productoras de monstruos: la teoría de los *fractales*. Quizás el más famoso de ellos sea el llamado *copo de nieve*, cuya construcción se hace en etapas; se comienza con un inocente triángulo. A continuación, se divide a cada uno de los lados en tres partes iguales, y se construye sobre la parte central de cada uno de ellos un nuevo triángulo:

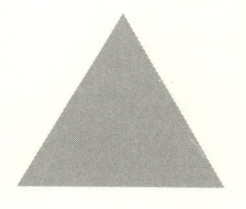

En forma sucesiva, al cabo de cada etapa se obtiene un polígono cuyo perímetro es, según puede calcularse, 4/3 veces el perímetro del polígono obtenido en la etapa anterior. Se puede demostrar que este proceso converge en una curva límite, cuya longitud es infinita, aunque el área que encierra es finita.

...

¿Es posible concebir algo así? Es como si pudiéramos tomar un hilo cerrado infinitamente largo, y extenderlo sobre la mesa sin que se cruce sobre sí mismo. Es claro que el copo de nieve tiene que tratarse de una curva muy irregular, aunque posee en verdad una regularidad que es digna de mención: invariancia por cambio de escala. Esto significa que si la miramos con una lupa que tenga el aumento apropiado, lo que veremos es... exactamente la misma curva.

El romanticismo también suele resumirse en el siguiente lema: "la acción precede el conocimiento". Por eso, quizá sea pertinente mencionar también que algunas de estas curvas fractales se emplean como modelo matemático de una acción... aunque en el sentido menos romántico del término. En efecto, para explicar el comportamiento de las acciones en el mercado financiero se emplea el denominado *movimiento browniano*, que describe el choque de las partículas en un fluido. A grandes rasgos, se supone que una partícula puede moverse hacia cualquier dirección con la misma probabilidad; de allí que la idea haya servido para representar matemáticamente las caprichosas subas y bajas de las acciones, cuyos precios suelen presentar más o menos el siguiente aspecto:

precio

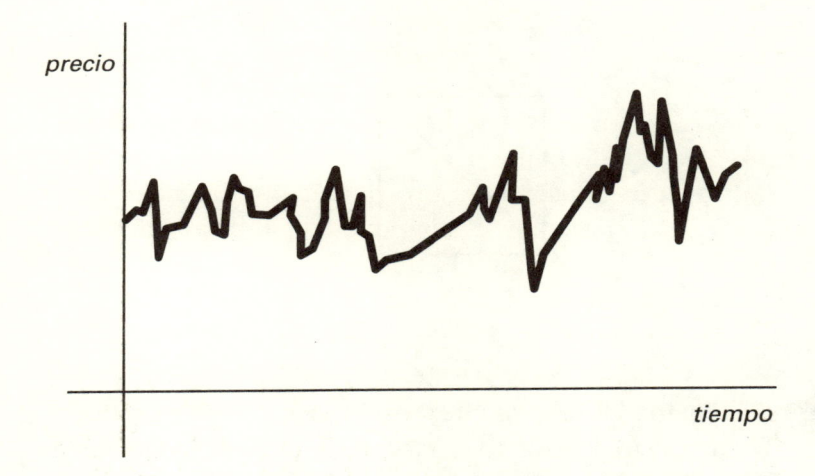

tiempo

Ante estos ejemplos, vemos que el orden propiciado por los cultores del clasicismo se desvanece ante un desolador caos. A la soberbia demostración del teorema de Pitágoras siguió el hallazgo de una entidad cuya existencia se infiere a partir del propio teorema: el (horroroso) número irracional. Los griegos no eran capaces de concebir magnitudes que no fueran el cociente entre dos enteros; tras la comprobación del enunciado que debió de haber sido su mayor gloria se encontraron con un hecho que conmovería su visión del mundo.

Se cuenta que los pitagóricos, después de probar el teorema se sintieron tan extasiados que ofrecieron a los dioses una hecatombe. Pero su aplicación al caso más simple que se pueda concebir, el cálculo de la diagonal del cuadrado de lado 1, lleva inevitablemente a observar que existe una magnitud cuyo cuadrado es igual a 2:

$$1^2 + 1^2 = d^2$$
$$d = \sqrt{2}$$

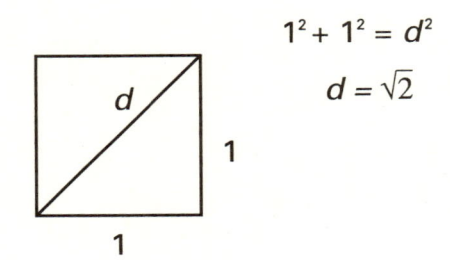

Fueron los propios pitagóricos quienes demostraron que la raíz cuadrada de 2 no es racional, un resultado que se llevaba muy mal con su filosofía. Esta demostración fue su vergüenza, y decidieron ocultarla; consecuencia de ello es que los griegos nunca llegaran a entenderse con esos misteriosos irracionales, que debieron esperar siglos hasta encontrar un estatuto aceptable dentro de la Matemática. Existen diversas leyendas en torno a estos sucesos, que suelen interpretar la intención de ocultamiento como una medida un tanto drástica. Una de ellas cuenta que Hipaso de Metoponto, el descubridor de la cruel verdad, fue arrojado por la borda de un navío; a pesar de su falsedad histórica, la anécdota nos permite afirmar que los pitagóricos se vieron en cierto modo "desbordados" por los acontecimientos.

Si existe un asunto que ofrece la más variada gama de perplejidades, es el tema del infinito, del que Hilbert dijo: *ningún otro problema ha perturbado tanto el espíritu del hombre*. Más adelante hablaremos de Cantor, que terminó sus días literalmente perturbado; por ahora vamos a referirnos tan sólo al concepto de *serie*, de gran utilidad para formular las famosas aporías (en griego: *dificultad*) de Zenón. Este notable pensador de la isla de Elea, discípulo de Parménides, afirmaba como su maestro que el movimiento es imposible. Pero los argumentos de Zenón resultaron especialmente incisivos; por ejemplo el de *dicotomía*:

> *Un móvil tiene que recorrer cierto trayecto. Pero antes, debe recorrer la mitad de dicho trayecto, y antes la mitad de esta mitad, es decir, la cuarta parte de la distancia original. Sin embargo, antes de emprender este recorrido...*

Es fácil adivinar el resto: cada nuevo tramo es dividido por la mitad, y así infinitamente. En consecuencia, el movimiento no es posible, pues para que el móvil comience a andar debe superar una infinidad de segmentos iniciales. Borges afirma que Zenón fue un precursor de Kafka; en otro de sus textos se refiere tambien al sofista chino Hui Tzu, quien afirmó que un bastón al que cercenan la mitad cada día, es interminable. Todos estos razonamientos, para nada triviales, admiten una representación matemática mediante las series de números reales. Aunque, para quien no está acostumbrado a ellas, una fórmula como la siguiente puede resultar toda una sorpresa:

$$1/2 + 1/4 + 1/8 + 1/16 + \ldots = 1$$

Un Zenón dispuesto a dejarnos perplejos podría preguntarnos cómo es posible que una "suma" de infinitos términos tenga un resultado finito; sin embargo, la anterior igualdad goza de un sentido muy preciso y bien establecido en el contexto del análisis matemático. Debe tenerse en cuenta que no se trata en realidad de una suma, sino de lo que se denomina un *límite*; para entenderlo, podemos ir efectuando las sucesivas sumas de los primeros n términos de la serie, denominadas *sumas parciales*:

$$1/2$$
$$1/2 + 1/4$$
$$1/2 + 1/4 + 1/8$$
$$\ldots$$

Si se calculan estos valores, puede observarse que el resultado se aproxima cada vez más o *converge* al valor (límite) 1. Ahora bien, esto que parece una mera aproximación constituye en rigor una igualdad "en serio", o mejor dicho, *en serie*: aunque no es sencillo definirla con precisión, la idea de límite tiene un estatuto matemático perfectamente riguroso. A modo de ejemplo, veamos el siguiente razonamiento, que ayuda a convencernos en forma intuitiva de que el resultado es correcto. En realidad, las operaciones que haremos pueden justificarse apropiadamente; alcanza con saber que la serie converge a un cierto valor S, vale decir:

$$1/2 + 1/4 + 1/8 + 1/16 + \ldots = S$$

Multiplicando por 2 ambos términos, se tiene:

$$2 * (1/2 + 1/4 + 1/8 + 1/16 + \ldots) = 2S$$

Luego, si "distribuimos" el término de la izquierda, obtenemos:

$$1 + 1/2 + 1/4 + 1/8 + \ldots = 2S$$

En otras palabras,

$$1 + S = 2S, \text{ es decir: } S = 1$$

Tras un resultado tan exitoso, uno podría pensar: ¡Ah, pero esto es igual a una suma común! Pero precisamente para mostrar que el comportamiento de una serie es por completo diferente de una auténtica suma, vale la pena comentar una propiedad que, a tono con Le Lionnais, bien podríamos calificar de *perversa*. Lo veremos con un caso particular, la llamada *serie armónica alternada*:

$$1 - 1/2 + 1/3 - 1/4 + 1/5 - 1/6 + 1/7 - 1/8 + 1/9 - 1/10 + \ldots$$

Aquí también la convergencia puede demostrarse; el lector que tenga la paciencia suficiente de sumar unos cuantos términos podrá comprobar en forma empírica que el resultado se acerca cada vez más a cierto valor L, más precisamente:

$$L = 1 - 1/2 + 1/3 - 1/4 + 1/5 - 1/6 + 1/7 - 1/8 + 1/9 - 1/10 + \ldots = 0{,}6931471805599\ldots$$

Y ahora, con ustedes, señores: lo imprevisto. Comencemos por reordenar los términos de la siguiente manera: a continuación de cada fracción con denominador impar, escribimos dos fracciones consecutivas de denominador par. Esto debe hacerse manteniendo obviamente el signo de cada uno de los términos, así como el respectivo orden decreciente, por un lado, de las fracciones impares, y por otro, de las pares:

$$1 - 1/2 - 1/4 + 1/3 - 1/6 - 1/8 + 1/5 - 1/10 - 1/12\ldots$$

De esta forma los términos son *exactamente los mismos*, sólo que están escritos en otro orden. En particular, las fracciones de denominador impar van llegando con mayor "lentitud", pero pasan de todas formas una a una, inexorablemente, sin que salteemos ninguna de ellas. Ahora bien, esta nueva "suma" puede calcularse así:

$$1 - 1/2 - 1/4 + 1/3 - 1/6 - 1/8 + 1/5 - 1/10 - 1/12 + \ldots$$

$$\underbrace{}_{1/2} \quad \underbrace{}_{1/6} \quad \underbrace{}_{1/10}$$

Es decir,

$$1/2 - 1/4 + 1/6 - 1/8 + 1/10 - 1/12 + \ldots$$

sacando "factor común" obtenemos:

$$1/2 * (1 - 1/2 + 1/3 - 1/4 + 1/5 - 1/6 + \ldots) = 1/2 * L$$

En otras palabras, a partir de un simple reordenamiento de los términos, obtenemos un resultado que es: ¡*la mitad del valor original*! De este modo, la inocente propiedad conmutativa de la suma deja de ser cierta cuando se trata de una serie. Si repetimos el razonamiento, obtendremos una suma que es *la mitad de la mitad*, y así sucesivamente: una infinidad de resultados distintos. Pero la situación es todavía más desconcertante: es posible demostrar que para esta clase de series existen reordenamientos que permiten alcanzar cualquier valor prefijado. Esto significa que si tenemos particular agrado por ejemplo por el número 48, entonces podemos encontrar un reordenamiento de los términos de manera tal la suma de la serie sea exactamente dicho valor, conocido en otros ambientes como *il morto qui parla*.[15]

Volvamos ahora al problema del quinto postulado de Euclides, definido por Le Lionnais como "el escándalo de la geometría y la desesperación de los geómetras".

Tales calificativos pueden parecer exagerados, aunque los podemos justificar en buena medida si leemos la carta que escribió el matemático Farkas Bolyai a su hijo Janos. Este Janos Bolyai es el mismo que mencionamos en el primer capítulo, reconocido como uno de los descubridores (o quizá, mejor, *inventores*) de la geometría no euclidiana. Una tarea en la cual se embarcó desoyendo las advertencias de su padre:

No te sumerjas en el estudio de las paralelas. Conozco ese camino hasta el final. He atravesado esa noche sin

---

[15] En Argentina existe una especie de lotería en la cual los números están asociados a imágenes de sueños, por ejemplo: 15 = *la niña bonita*; 48 = *il morto qui parla*. Pero infelizmente, el procedimiento descripto no resulta de gran ayuda para la lotería. Más prometedora resulta la serie anterior (llamada *geométrica*), que permite idear el siguiente método "infalible" para ganar a la ruleta.

Para comenzar, jugamos una ficha a colorado. Si perdemos, 1/2 minuto después jugamos dos fichas a colorado. Si volvemos a perder, 1/4 de minuto después jugamos cuatro fichas a colorado... Y así sucesivamente, mientras sigamos perdiendo volvemos a jugar, aumentando al doble la apuesta y empleando en hacerlo la mitad del tiempo. En cambio, una vez que ganamos damos por terminado el ciclo. El lector puede comprobar que, no importa cuántas veces perdamos al comienzo, en menos de un minuto ganaremos exactamente una ficha (eso a menos que siga saliendo negro indefinidamente, en cuyo caso conviene ir a quejarse al gerente del casino). Claro que este planteo exige suponer que continuamente se está arrojando una bola en alguna mesa, y que si la racha de bolas que caen en negro se hace muy larga, tendremos la capacidad de correr de aquí para allá haciendo enormes apuestas a gran velocidad... Pero al menos desde el punto de vista teórico podemos afirmar, con gran satisfacción, que el método permite hacerse de grandes ganancias al poco rato de empezar a jugar.

fondo, que consumió toda la luz y todo el goce de mi existencia. Te lo ruego, deja en paz a la ciencia de las paralelas... Yo me dispuse a sacrificarme en beneficio de la verdad; estaba decidido a convertirme en un mártir que desalojaría el error del seno de la geometría y la devolvería purificada a la humanidad. He realizado una monstruosa, enorme labor; mis logros han sido mucho más plenos que los de otros, pero no he podido cumplir por entero la tarea... He emprendido el regreso al ver que ningún hombre puede llegar al fondo de esta oscuridad. He emprendido el regreso desconsolado, compadeciéndome y compadeciendo a la humanidad... He atravesado todos los escollos de este infernal Mar Muerto y he vuelto siempre con el mástil roto y las velas rasgadas. La decadencia de mi voluntad, y mi ruina, tienen esta causa. Irreflexivamente, expuse mi vida y mi felicidad: aut Caesar aut nihil.

La cita latina del final significa: *O César o nada.* Pues bien, esto último es lo que obtuvo el pobre Farkas, nada. Parece una ironía, pero algún tiempo después de recibir esta carta Janos publicó un artículo de dieciséis páginas en donde resolvía el problema de las paralelas de la manera más inesperada, presentando lo que él llamó: *un universo creado de la nada.* Allí se describía un sistema geométrico independiente del quinto postulado, cuyas propiedades son válidas tanto si se lo acepta como si se lo niega; de esta forma logró mostrar que el postulado no tiene por qué ser verdadero. Lo más increíble es el sitio que eligió para darlo a conocer: el artículo fue publicado como un apéndice del primer volumen de una obra de su desconsolado padre. Esto es algo que un buen hijo no debería hacer...

En el siglo XIX vivió en París un matemático extraordinario llamado Galois. Sus teorías en Álgebra resultan de gran belleza; de sus trabajos, tan elegantes y bien construidos, se desprende un curioso hecho relacionado con las soluciones de ecuaciones algebraicas de grado superior al cuarto. Veamos de qué se trata.

La resolución de ecuaciones de primer y segundo grado es tan antigua como la escritura: aparece ya en las tablillas de los sumerios. El método para resolver una ecuación cúbica, por ejemplo

$$3x^3 - 2x^2 + x - 25 = 0$$

tardó algo más en obtenerse, y su descubrimiento en el siglo XVI se vio envuelto en turbios acontecimientos. En rigor, se atribuye la invención de la fórmula a un matemático de Bologna llamado Del Ferro en 1506, aunque sus apuntes nunca han sido hallados. En 1539 otro italiano, Tartaglia, revela sus propios métodos al pintoresco Girolamo Cardano, bajo el juramento "por los Santos Evangelios" de que no serán dados a conocer antes de su publicación por parte del autor (de más está decir que el juramento fue roto, lo que ocasionó algunas feas disputas). Así se expresa Cardano respecto del problema:

> *En nuestros tiempos Scipione Del Ferro, boloñés, resolvió el capítulo del cubo y cosas igual a número, hazaña realmente hermosa y admirable. Este arte, verdadero regalo de los dioses, que supera toda sutileza humana posible y el esplendor de todo ingenio mortal, es una prueba del valor de las inteligencias, y es tan maravillosa que quien la haya logrado puede creer que ya nada le ha de ser imposible.*

Poco tiempo después se encontró también un método para resolver ecuaciones de cuarto grado; sin embargo, la ecuación de grado quinto siguió resistiéndose. No es bastante mencionar que *nunca se halló* una fórmula para resolverla: a decir verdad, los dioses no se mostraron ya dispuestos a seguir ofreciendo regalos. Se probó, en efecto, que dicha fórmula *no existe*: en otras palabras, ni las "inteligencias más valiosas" van a ser capaces de encontrar una fórmula general para ecuaciones de grado mayor o igual que cinco. Esta imposibilidad, demostrada primero por Ruffini en 1799, y en forma más rigurosa por el noruego Abel en 1826, es uno de los puntos culminantes de la hoy llamada *teoría de Galois*. Como Beethoven, surgido del clasicismo para anticipar el romanticismo, el joven Galois tuvo un comienzo "clásico" y un romántico final, signado por la imposibilidad. Pero lo más romántico en Galois es su propia vida: en 1831 (a los veinte años), expulsado de la École Normal, anunció un curso privado que abarcaría

> *una nueva teoría de los números imaginarios, la teoría de las ecuaciones resolubles por radicales, la teoría de números y la teoría de las funciones elípticas tratadas por el álgebra pura.*

Acaso el programa resultara un poco intimidatorio; el hecho es que el curso no tuvo oyentes. Lamentablemente, no puede decirse que el año siguiente las cosas le hayan ido mejor, pues agitados sucesos lo encontraron implicado en un duelo, en el que murió. Se conserva un escrito de la que fue su última noche de vida: en notas apresuradas deja a un amigo una suerte de testamento científico en donde le pide que, si su adversario vence, "haga conocer sus descubrimientos a Gauss o a Jacobi". Sus palabras guardan alguna esperanza, no en relación con su suerte, pero sí respecto de sus hallazgos: "Espero que más tarde alguien encuentre provechoso todo este lío".

De aquí podemos concluir que Galois se tenía más fe como matemático que como duelista. Y tenía mucha razón en hacerlo, pues "este lío" fue el punto de partida de una importantísima teoría, hoy presente en diversas ramas de la Matemática.

Pero para entrar en el nudo mismo del romanticismo narremos otra historia, que comienza con aquel matemático de origen ruso a quien Le Lionnais presenta como *el genial apocalíptico*: hablamos de Georg Cantor, fundador reconocido de la teoría de conjuntos. Lo que no se esperaba, quizás, es que esta poderosa teoría trajera consigo algunos inconvenientes. Un lógico alemán llamado Gottlob Frege estuvo años trabajando para dar a luz una obra, los *Fundamentos de la Aritmética*, en donde pretendía sentar la noción de número sobre una base puramente lógica. La Arimética estudia los números naturales, sobre los cuales se apoya a su vez prácticamente todo el resto de la Matemática. Pero no resulta tan fácil decir qué es *realmente* un número natural: lo que Frege buscaba era que los números dejaran de ser misteriosas entidades abstractas para transformarse en objetos construidos al amparo de la más rigurosa axiomática. Se hallaba su libro en la imprenta, cuando le llegó una carta de Bertrand Russell, cargada de comentarios elogiosos:

> *Sobre muchas cuestiones encuentro en su obra discusiones, distinciones y definiciones que busco en vano en la de otros lógicos. Especialmente en lo que concierne a las funciones he llegado a conclusiones similares hasta en sus detalles.*

Finalmente dice, como al pasar:

Hay tan sólo un punto en el que encontré una dificultad. Usted dice que una función puede también jugar el papel del elemento indeterminado.

¡Ay, ay, ay...! Aunque esto parece un comentario inocente, se ve venir una tormenta terrible. Para evitar entrar en cuestiones técnicas, podemos dar una versión equivalente al hallazgo de Russell, pero en el campo de la teoría de conjuntos. Se trata de la famosa *paradoja de Russell*, que popularmente suele enunciarse así:

En una ciudad hay un barbero que afeita a todos aquellos que no se afeitan a sí mismos. El barbero, ¿se afeita a sí mismo?

Debe hacerse la aclaración de que el barbero afeita *solamente* a aquellos que no se afeitan a sí mismos; en consecuencia, si suponemos que se afeita a sí mismo concluimos que no lo hace. Por otro lado, este esmerado profesional afeita a *todos* aquellos que no se afeitan a sí mismos, de donde se deduce que si no se afeita entonces tiene que hacerlo.

Mediante este sencillo razonamiento, se ve que *todos los caminos llevan a un absurdo,* tanto si suponemos que la oración "el barbero se afeita a sí mismo" es verdadera, como si suponemos que es falsa. Y en nuestra lógica binaria, que como ya comentamos "excluye" una tercera posibilidad, tan absurdos caminos nos indican que estamos en presencia de una paradoja. Hay muchas formulaciones similares, como aquella, de tono más gramatical, que consiste en clasificar a los adjetivos en *autólogos* y *heterólogos* según se denoten o no a sí mismos. De este modo, la palabra "esdrújula" es autóloga, porque *es* esdrújula;[16] en cambio, una palabra como "impronunciable" es perfectamente pronunciable, y en consecuencia es heteróloga. Analicemos ahora a la palabra "heteróloga": de ser heteróloga, se denota a sí misma y es autóloga. De ser autóloga, no se denota a sí misma, y entonces es heteróloga.

Todo esto parece un simple juego; sin embargo, la paradoja puede reproducirse dentro de la teoría de Cantor, definiendo dos clases de conjuntos:

- Los conjuntos *ordinarios*, que no se contienen a sí mismos como elemento. Por ejemplo, el conjunto de los patos, que *no es* un pato.
- Los conjuntos *extraordinarios*, que son elemento de sí mismos. Por ejemplo, el conjunto de los conjuntos.

En este caso, el papel de "barbero" es asumido por el *conjunto de los conjuntos ordinarios*; vale decir, el conjunto B de todos aquellos conjuntos que no pertenecen a sí mismos. Si suponemos que B pertenece a B, entonces es ordinario y no pertenece a B; si suponemos, por el contrario, que B no pertenece a B, entonces es extraordinario, y pertenece a B. Aunque formulada en otro contexto, tal es la "dificultad" a la que hace referencia la carta de Russell. Escuchemos la contesta-

---

[16] Y también *ridícula*, al decir de Pessoa, pues en portugués esa es una de las acepciones de la palabra "esdrújula". En uno de sus poemas (en rigor, de Alvaro de Campos) repite una y otra vez que "todas las cartas de amor son ridículas", hasta que al final termina declarando la esdrujulez de las propias palabras esdrújulas. Como veremos, la carta de Russell a Frege no fue precisamente una carta de amor.

ción de Frege, que comienza con el mayor de los respetos: "Le agradezco enormemente su carta tan interesante del 16 de junio…"

Luego viene una serie de párrafos bastante ligeros, hasta que, finalmente, el cruel asunto:

> *Su descubrimiento de la contradicción me produjo la mayor sorpresa y casi diría la mayor consternación: conmueve efectivamente la base sobre la que esperaba construir la Aritmética. Parece pues que la transformación que yo creía posible [...] no siempre está permitida, que mi regla número 5 es falsa y que mi explicación del párrafo 31 no basta para asegurar que mi combinación de signos tiene sentido en todos los casos…*

La cosa parece peor de lo que quizás el propio Russell había esperado: "No sólo los fundamentos de mi Aritmética, sino los únicos fundamentos posibles de la Aritmética parecen desvanecerse".

De todas formas, Frege tuvo la fuerza de voluntad suficiente como para mantener todavía una pequeña llama de esperanza: "Sin embargo, creo posible que se planteen condiciones para la transformación que hagan que lo esencial de mi demostración permanezca intacto".

Poco tiempo después de estos intercambios epistolares, las aguas de la Matemática se vieron fuertemente convulsionadas. Con el fin de evitar su perniciosa paradoja, Russell concibió, junto a un lógico y filósofo inglés llamado Whitehead, la denominada *teoría de tipos*. Desarrollada en el marco de una obra gigantesca, los *Principia Mathematica*, dicha teoría establece algunas restricciones para los conjuntos, que por cierto eliminan la paradoja, aunque traen ciertas consecuencias que pronto veremos. Pero el afán de obtener la base fundamental de la Matemática a partir de principios lógicos seguía firme.

Los esfuerzos se revelaron inútiles. En 1931 llega el golpe de gracia: Gödel, un brillante lógico austríaco, demuestra un teorema que dice que todo sistema que pretenda "fundamentar" a la Aritmética sin dar lugar a contradicciones contiene proposiciones cuya verdad o falsedad *no puede ser demostrada*. Estas oraciones, un tanto siniestras, se denominan *indecidibles*: por más que *sean* verdaderas o falsas, las reglas del sistema son insuficientes para probarlo. Los *Principia...* se vuelven así ineficaces, y no sólo eso: *cualquier* sistema que se proponga tales fines está destinado a fallar.

La historia de Frege recuerda tal vez a uno de los más misteriosos pasajes del texto bíblico, aquel en el que Jacob es atacado en medio de la noche por un extraño. Finalmente Jacob lo vence; el extraño le dice que a partir de entonces se llamará Israel, cambio de nombre que justifica de un modo que toma por sorpresa al lector desprevenido: "... pues has luchado con Dios y lo has vencido". Más tarde los comentaristas dirán que se trata de un ángel; se ha llegado a decir que podría tratarse del propio ángel que acompañaba a Jacob para guardarlo: en tal caso, el episodio nos enseña que la auténtica victoria del hombre es sobre sí mismo. En algún sentido puede pensarse que Frege, como ocurrió con tantos otros autores, también luchó con un ángel... sólo que en su caso venció el ángel. Algo parecido al duelo de Galois; aunque Frege no debió pagarlo *tan* caro, se cuenta que ningún honor le fue concedido por sus trabajos. Nunca fue nombrado catedrático; ni siquiera recibió una distinción ordinaria que solía otorgarse a los profesores a los sesenta años, pues "su actividad académica carecía de interés para la Universidad". Muchos años después, casi al final de su nada corta vida, Russell recordaría los episodios aquí narrados de la siguiente manera:

Cuando pienso en actos de gracia e integridad, me doy cuenta de que no conozco ninguno comparable con la dedicación de Frege a la verdad. Estaba Frege dando cima a la obra de toda su vida, la mayor parte de su trabajo había sido ignorado en beneficio de hombres infinitamente menos competentes que él, su segundo volumen estaba a punto de ser publicado y, al darse cuenta de que su supuesto fundamental era erróneo, reaccionó con placer intelectual, reprimiendo todo sentimiento de decepción personal. Era algo casi sobrehumano y un índice de aquello de lo que los hombres son capaces cuando están dedicados al trabajo creador y al conocimiento, y no al crudo afán por dominar y hacerse famosos.[17]

La belleza en los métodos

Volvamos a la clasificación propuesta por Le Lionnais, para, quien el estudio de los métodos va a presentar la distinción entre clasicismo y romanticismo en forma aún más legítima, pues los métodos reflejan "el estilo de obras humanas". Dice el autor: "Un método es clásico cuando permite obtener con medios sobrios efectos potentes", tal como ocurre en una elegante y equilibrada obra de Haydn o de Mozart. Es

---

[17] La cita aparece en la introducción de G. Frege (1985), citado en la bliografía.

el caso de una demostración inductiva (por recurrencia), en la que alcanza con comprobar la verdad de dos enunciados para concluir la verdad de una infinitud de ellos. En efecto, para demostrar que una propiedad P es verdadera para todos los números naturales, basta probar que:

1) P es verdadera para el 1
2) *Regla inductiva*: si P es verdadera para n, entonces es verdadera para $n + 1$

Para explicar este principio se suele apelar a una imagen más bien literaria, aunque no en el sentido habitual de la palabra. Supongamos un estante lleno de libros ordenados en fila, para los que se cumple la siguiente regla:

Si un libro se cae, el que está inmediatamente a su derecha cae también.

¿Es correcto inferir de allí que todos los libros van a caerse? En realidad no, aunque tal cosa ocurrirá si empujamos el primero de ellos, el que está a la izquierda del estante. Entonces el desmoronamiento es inevitable:

Dado que el primero cae, el segundo cae también.
Dado que el segundo cae, el tercero cae también.
Dado que el tercero cae, el cuarto cae también.

Así sucesivamente, van cayendo los libros hasta agotar el estante.

un pequeño empujón...

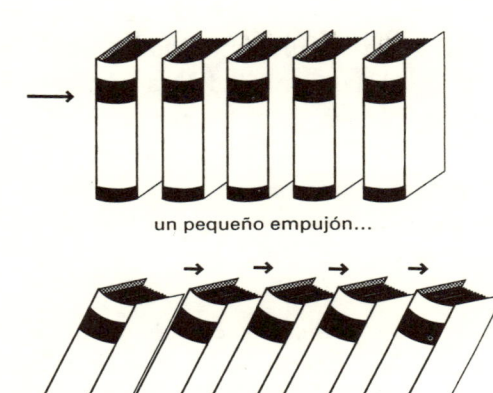

... y todos los libros caen

La pregunta que cabe hacerse es: ¿qué ocurre cuando el estante es inagotable? Este es, precisamente, el caso de los números naturales, en donde la regla inductiva garantiza que la veracidad de P para un número n induce la veracidad de P para el sucesor de n.

$$P(0) \to P(1) \to P(2) \to \ldots$$

La validez de esta forma de demostrar enunciados sobre los números naturales se sustenta en el denominado *principio de inducción*, que en realidad es un axioma y parece más bien una cuestión de confianza. Dado que "cae" el primero de los números, y que cada número "empuja" al que viene después, entonces con toda tranquilidad podemos sentarnos a esperar: cada uno de los números, más tarde o más temprano, caerá en algún momento.

También es clásica una esmerada construcción geométrica, tanto como el riguroso método axiomático establecido por Euclides, que se transformó en el modelo a imitar por cualquier sistema de pensamiento durante veinte siglos. Es clásica la aplicación de ciertos *algoritmos*, entendidos como simples "recetas" que a partir de unos pocos elementos permiten, tras una breve serie de pasos, llevar a cabo tareas a veces formidables. Pensemos por ejemplo en una actividad tan cotidiana como la de multiplicar, para la cual las bondades de nuestro sistema de numeración han permitido idear un sencillo mecanismo que reduce el problema a recordar unas pocas tablas, y aplicar el método que aprendimos en nuestra tierna infancia:

$$\begin{array}{r} 1\,3\,8 \\ \times\ 2\,7 \\ \hline 9\,6\,6 \\ 2\,7\,6 \\ \hline 3\,7\,2\,6 \end{array}$$

Para los más perezosos existe una curiosa regla, verdaderamente *manual*, que reduce todavía un poco más estos prerrequisitos. A ver, los perezosos: numeremos del 6 al 10 los dedos de cada mano, empezando por el meñique; a continuación, pongamos en contacto los dedos correspondientes a los números que se quiera multiplicar, con los pulgares hacia arriba. Por ejemplo, si nuestra intención es calcular el resultado de multiplicar 7 por 8; al poner "dedos a la obra", nos veremos en la siguiente situación:

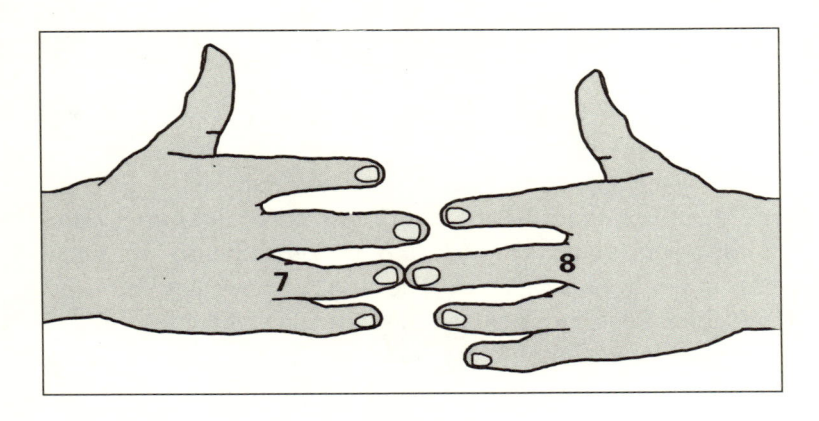

Los dedos que quedan abajo, incluidos los que están en contacto (en este caso, anular y meñique derechos y mayor, anular y meñique izquierdos, un total de cinco dedos), valen diez cada uno; los que restan en cada mano (tres en la mano derecha, dos en la mano izquierda) se multiplican entre sí. En nuestro caso:

$$10 + 10 + 10 + 10 + 10 = 50$$
$$3 * 2 = 6$$

Sumando entonces ambos números, obtenemos el resultado: $50 + 6 = 56$. De acuerdo, hace falta saber multiplicar los números hasta el cuatro, y calcular algunas sumas, pero eso es mucho menos que aprenderse todas las tablas.

En general, el álgebra ofrece muy variados ejemplos de procedimientos sobrios y elegantes. Tal espíritu se vislumbra en su propio nombre, proveniente de la voz árabe *al-jabar*, que significa: reordenar. En español antiguo la palabra "algebrista" se usaba para referirse a aquel que volvía a poner en su lugar los huesos dislocados: se ve que en aquella época era menos frecuente toparse con un problema algebraico que con un forajido dispuesto a molernos a palos (en alemán, el álgebra se denominó *Die Coss*, en virtud de la presencia de la variable x a la que llamaban "la cosa". El nombre parece manifestar el carácter, decididamente pasional, de los pueblos germánicos).

En cambio, es romántica una demostración indirecta. En primer término, debemos mencionar las demostraciones por el absurdo, que suponen un mundo extraño en el cual se niega la tesis que se quiere probar, con el fin de producir una contradicción. Pero puesto que en realidad vamos a probarla, el procedimiento resulta casi como *fingir* que la tesis es falsa; la Matemática abunda en situaciones como la descripta. En todo caso, en vez de afirmar que una proposición es falsa, suena mucho más romántico decir que es imposible que sea verdadera. Más adelante veremos algún ejemplo de esto.

Es romántica también aquella demostración en la que se recurre a alguna maniobra inesperada, que en una primera impresión resulta muy ajena al objeto de estudio. Tal es el caso de la denominada *teoría de números*, que para estudiar problemas de la más elemental Aritmética se ha visto envuelta en una gran variedad de complejísimos temas. Un ejemplo paradigmático es el llamado "último teorema de Fermat", cuyo enunciado es increíblemente sencillo:

Dado un entero $n > 2$, no existen enteros positivos a, b, c tales que
$$a^n + b^n = c^n$$

La historia es bien conocida, pero merece ser contada. En el siglo XVII el abogado y notable matemático francés Pierre de Fermat dejó escrito en el margen de un libro el enunciado de la proposición anterior, acompañado del siguiente comentario: "He encontrado una demostración de esa proposición, realmente maravillosa, pero el margen del libro es demasiado estrecho para contenerla".

Es una lástima que, siendo abogado, no haya echado mano al papel notarial, de márgenes más generosos: el caso es que tal demostración "maravillosa" a la que se refería no pudo ser hallada. Entonces los matemáticos intentaron reproducirla; con los años llegaron a comprobar que el enunciado era válido para unos cuantos valores particulares de n, pero el caso general propuesto por Fermat siguió resistiéndose. Incluso llegó a establecerse un premio en dinero, al que se postularon numerosos candidatos, tanto expertos como aficionados. Pero nada ocurría; en todas las respuestas enviadas se encontraba, más tarde o más temprano, algún error. Hasta que en 1993 un matemático inglés llamado Wiles presentó un trabajo de unas doscientas páginas, con el cual anunció que el teorema estaba probado. Se produjo un gran revuelo, aunque tiempo después se encontró un error también en este trabajo. Finalmente, tras unos angustiosos meses de intensa tarea, el error (para gran alivio de Wiles) pudo subsanarse, y el teorema quedó definitivamente demostrado. Pero, al margen de no caber en ningún margen, esta prueba nunca pudo haber sido la que Fermat aseguró haber hallado, pues los desarrollos y teorías que involucra exceden en forma incuestionable la Matemática de aquellos tiempos.

Para terminar esta clasificación, mencionemos también aquellos métodos que, según Le Lionnais, "al iluminar bajo un aspecto nuevo hechos ya conocidos, relacionan y unifican conocimientos considerados antes como dispares". Para ilustrarlo, nada mejor que aquella invención a la que se ha calificado como la "boda entre el álgebra y la geometría". Hablamos de la *geometría analítica* de Descartes, que plantea una formidable manera de expresar por medio de términos algebraicos los objetos geométricos, en una extraordinaria síntesis. La idea es en verdad simple; por ejemplo en el plano, todo punto puede pensarse como un par (x, y) de coordenadas:

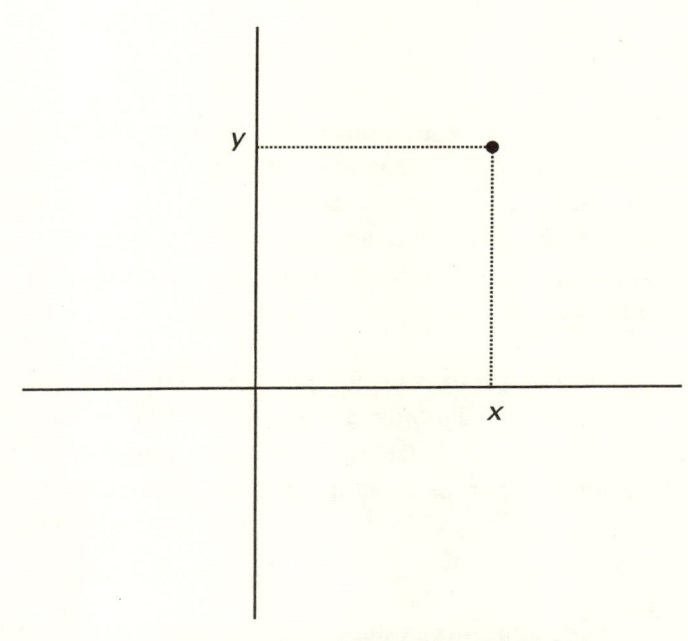

El mundo según Descartes

Si ahora hacemos uso de la relación pitagórica que tanto hemos exaltado anteriormente, vemos que la distancia d del punto (x, y) al origen de coordenadas verifica la igualdad:

$$x^2 + y^2 = d^2$$

En particular, si consideramos el conjunto de todos los puntos del plano cuya distancia del origen es 1, seremos testigos de la milagrosa transformación de una circunferencia en una soberbia fórmula:

$$x^2 + y^2 = 1$$

En otras palabras, un punto (x, y) se encuentra a distancia 1 del origen (vale decir, se encuentra sobre la circunferencia de radio 1 centrada en el origen) si y solamente si sus coordenadas verifican la anterior igualdad.

Fue motivado por estos "milagros" que el matemático Edgar Quinet se iba a expresar de esta manera:

Cuando vi a una ecuación funcionar y resolverse sola, por así decir, entre mis manos, y explotar en una variedad infinita de verdades, todas igualmente indudables, igualmente eternas, igualmente resplandecientes, creí estar en posesión del talismán que me abriría la puerta de todos los misterios.

Ciertos autores han establecido también una correspondencia entre el método cartesiano y el movimiento barroco, basado en la búsqueda de nuevos medios de expresión. Otra de sus características es la tensión entre libertad e intensidad emocional, y el orden o la disciplina, que siguiendo con la analogía se ven representadas respectivamente por el álgebra y la geometría. Pero estas consideraciones, aunque puedan resultar interesantes, van más allá de la modesta clasificación que nos hemos propuesto para este capítulo.

Capítulo 3
Todos los matemáticos son mentirosos

En el capítulo anterior narramos diversas historias; algunas, como el sueño de Pessoa de la página 40, verdaderamente tristes. Este recorrido nos deja preparado el terreno para los temas que trataremos en el resto del libro.

Yo miento

Prestemos atención a la frase que titula a este capítulo: no es gran novedad; es lo que venimos postulando desde el comienzo. Sin embargo, esta nueva formulación no parafrasea ya a Pessoa sino a otro célebre poeta: el cretense Epiménides, quien en el siglo VI antes de Cristo afirmó: *Todos los cretenses son mentirosos.*

No tardarán en comprender que un cretense no es la persona más indicada para hacer este tipo de comentarios, al menos si se entiende que los mentirosos mienten siempre. Así y todo, el enunciado no constituye una paradoja, sino apenas una falsedad; sin embargo, nos da pie para plantear otra frase más sencilla:

Miento.

O, si se prefiere:

Esta proposición es falsa.

Ahora sí, las cosas son claras: si miento digo la verdad, mientras que si digo la verdad, miento; otra vez, la paradoja. En realidad este libro es un poco paradójico; algo debieron haber sospechado desde el momento en que vino precisamente un matemático a advertirles que *el matemático es un fingidor*. Pero no hay que perder la calma: suele hablarse de la paradoja como si se tratase de algún tipo de aparición terrorífica, pero la propia Lógica muestra que, por "paradójico" que parezca, prácticamente no queda otro remedio que convivir con ella.

La paradoja anterior, llamada *de Epiménides,* no fue muy tenida en cuenta por los matemáticos durante un buen tiempo: al fin y al cabo, no es más que una cuestión del lenguaje... Sin embargo, diversos matemáticos del siglo XX se han puesto de acuerdo en que *la Matemática no es más que un lenguaje bien hecho*, dejando ver que en muchos casos incluso "una cuestión del lenguaje" merece ser tenida en cuenta. Los matemáticos se preocupan especialmente por aquello de "bien hecho"; por eso una paradoja como la de Epiménides adquiere el carácter de "malhechor", y es preciso eliminarla.

Pero los malhechores suelen ser vengativos, y el cretense no resultó una excepción; en efecto, la paradoja cumple un papel fundamental en los sorprendentes teoremas de la Lógica que constituyen el tema del libro llamado *Gödel, Escher, Bach, un Eterno y Grácil Bucle*, de Douglas Hofstadter. Veamos algunas de las ideas que allí aparecen.

No tan bien hecho

Una de las principales nociones que se describen en el libro aparece en su título: la noción de *bucle*.[18] Intuitivamente, debemos pensar en algo que vuelve sobre sí mismo, como ocurre con la frase "esta proposición es falsa". Hay bucles en más pasos; por ejemplo, dos proposiciones enlazadas de la forma

$$p = q \text{ es falsa} \qquad q = p \text{ es verdadera},$$

a las que Hofstadter compara con un famoso cuadro de Escher, *Manos dibujando*, en donde dos manos se dibujan mutuamente. Observemos, sin embargo, que estos bucles extraños se pueden explicar mediante un "salto fuera del sistema": lo que podría pensarse como una historia fantástica,

una mano dibuja a otra mano que dibuja a la primera,

encuentra su tranquilizadora explicación racional en el hecho de que existe una mano *fuera del sistema*, que dibuja a ambas. Otro gran "dibujante" de bucles fue el admirable escritor argentino Macedonio Fernández; uno de los ejemplos más conocidos es aquella frase referida a un banquete no demasiado exitoso:

---

[18] En realidad, el título original del libro es *Gödel, Escher, Bach, an Eternal Golden Braid* (una eterna trenza dorada); debe entenderse que el traductor prefirió sacrificar la literalidad en procura de mantener el *trenzado* que hace el autor con las iniciales GEB.

Faltaron tantos que si faltaba uno más no cabía.

Cabe recordar también, al menos para estar prevenidos, la respuesta que dio Norah Lange cuando Macedonio le presentó su declaración de amor: "Vuelva usted cuando tenga veinte años menos". Esto es incluso más irritante que preguntar por alguien en el teléfono y nos contesten: "Lo siento, ya se ha retirado. ¿Puede volver a llamar un poco más temprano?".

Tal como hemos comentado, todo sistema tiene sus reglas, que permiten producir "oraciones". En términos puramente sintácticos, bien vale pensar que las oraciones no son otra cosa que combinaciones de ciertos elementos básicos de un conjunto a veces denominado *alfabeto*, o en ciertos casos *vocabulario*. Las reglas sintácticas son las que permiten generar oraciones: a las oraciones producidas por medio de la correcta aplicación de dichas reglas se las denomina *bien formadas*.

Resulta interesante un ejemplo que desarrolla un psicoanalista francés llamado Lacan, en su curioso escrito en torno a un magnífico cuento de Edgar Allan Poe, "La carta robada". Allí propone distintos sistemas cuya sintaxis obedece a reglas como las que venimos describiendo; veamos el más sencillo, determinado simplemente por los azares de una moneda. Si arrojamos una moneda al aire varias veces seguidas, obtendremos alguna secuencia azarosa del estilo:

cara-ceca-ceca-cara-cara

En este caso el vocabulario se reduce a las palabras "cara" y "ceca", que Lacan denota respectivamente mediante los signos + y –. No hace falta ser un gramático para descubrir que en este sistema cualquier oración es bien formada, lo que determina una sintaxis algo tonta o, mejor dicho, *trivial*. Para aprender este lenguaje basta con leer detenidamente el manual, que resulta sorprendentemente breve:

Manual de reglas sintácticas del sistema { + , – }

1) Toda oración es bien formada.

Conviene destacar que este provechoso conjunto de reglas puede ser pensado también en ese sentido "generativo" antes mencionado; para ello debemos dar en forma axiomática ciertas oraciones bien formadas, y un conjunto de reglas capaz de generar nuevas oraciones a partir de las que vamos produciendo. Un posible "kit" gramatical es el siguiente:

Axioma: las oraciones "+" y "–" son bien formadas.
Regla 1: a toda oración bien formada se le puede agregar un "+" al final.
Regla 2: a toda oración bien formada se le puede agregar un "–" al final.

Esto no deja de ser una tontería, pero ayuda a entender cómo funcionan estos sistemas. Por ejemplo, es fácil comprobar que la oración "+ – – +" es bien formada, pues por el axioma sabemos que

+ es bien formada,

y por la sucesiva aplicación de las reglas se verifica:

dado que + es bien formada, *entonces* + − es bien formada (Regla 2)
dado que + − es bien formada, *entonces* + − − es bien formada (Regla 2)
dado que + − − es bien formada, *entonces* + − − − es bien formada (Regla 2)
dado que + − − − es bien formada, *entonces* + − − − + es bien formada (Regla 1),

como queríamos demostrar. Por cierto, los restantes sistemas definidos por Lacan tienen una sintaxis que ya no es trivial, y requieren en consecuencia "manuales" de funcionamiento algo menos tontos.

Representación e interpretación

Directa o indirectamente, los sistemas recién mencionados "escriben" de alguna forma cierta realidad independiente del lenguaje: las tiradas de una moneda. Ahora bien: si alguien curiosea en nuestro cuaderno de anotaciones y encuentra la secuencia + − − + −, ¿qué pensará de nosotros? En primer lugar, que se topó con el cuaderno de un chiflado; más allá de eso, resulta claro que nada hay en la secuencia que permita suponer una moneda implicada en ella. En rigor, bien podría este curioso creer que el escrito refleja algún mensaje oculto, o simplemente las variaciones de nuestro estado de ánimo a lo largo de la semana:

Lunes: *bueno* (+)
Martes: *malo* (−)
Miércoles: *malo* (−)
Jueves: *bueno* (+)
Viernes: *malo* (−)

En todo caso, en tanto no aparezca una definición de los términos + y –, el sistema no es más que pura sintaxis; lo que hace el curioso es dar una *interpretación*, vale decir, una manera de significar estas producciones del lenguaje.

Podemos imaginar la situación opuesta, relacionada con el escribir. La elección de un + para las caras y un – para las cecas es arbitraria, pero al margen de ello, esta escritura capta algún aspecto de cierta realidad: la realidad de la moneda. En la Matemática, las nociones abstractas aparecen representadas de diversas formas. Todos sabemos que la idea "platónica" de recta no coincide con la línea que dibujamos, aunque después de transitar por el colegio secundario no tenemos mayor empacho en declarar que la expresión

$$2x + 3y = 7$$

es la ecuación de una recta (el lector que no recuerde este hecho, puede intentar graficar esta ecuación en un sistema de coordenadas como el que comentamos en el capítulo anterior). Pero entonces, ¿qué *es* una recta? Nada parece haber en esa combinación de letras que nos haga intuir la esencia de aquella entidad geométrica concebida por los griegos; sin embargo, la geometría analítica introducida por Descartes brinda una forma de representar la recta por medio de una ecuación.[19]

Veamos otro ejemplo; el laberinto

---

[19] Siglos después de Descartes, un grupo de matemáticos denominados *formalistas* habría de cuestionar seriamente el hecho de que haya algo que representar, más allá de las letras.

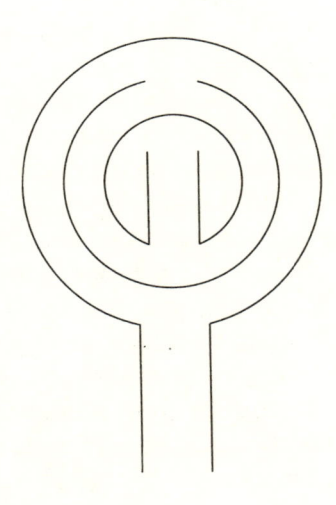

que nada parece tener en común con el *grafo*:

Sin embargo, si ubicamos unas letras, de esta manera

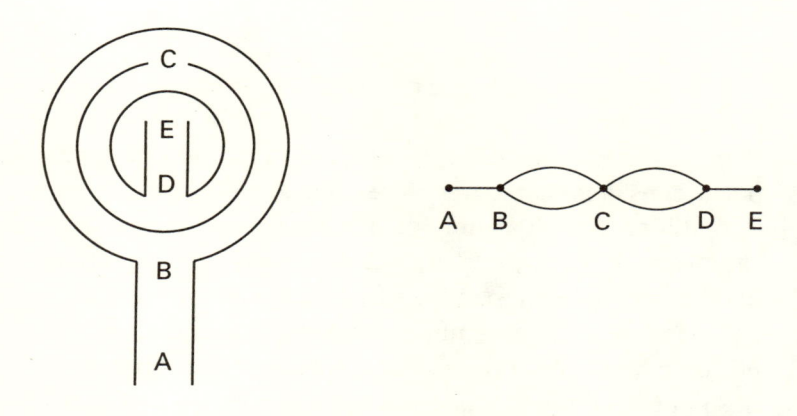

es fácil encontrar similitudes: por ejemplo, en ambos casos tenemos

de A hacia B: un camino
de B hacia C: dos caminos
de C hacia D: dos caminos
de D hacia E: un camino

Se puede proponer otra forma de representarlo, mediante una matriz, en donde cada número indica la cantidad de caminos entre los puntos indicados por la fila y la columna a las cuales pertenece:

	A	*B*	*C*	*D*	*E*
A	0	1	0	0	0
B	1	0	2	0	0
C	0	2	0	2	0
D	0	0	2	0	1
E	0	0	0	1	0

De este modo, podemos reconocer cierta equivalencia de estructura entre el laberinto, el grafo y la matriz, aunque a primera vista sean objetos muy diferentes; en todo caso se los puede considerar como tres representaciones distintas de una misma idea. Para los números naturales existen muy diversas formas de escritura; el sistema posicional que empleamos habitualmente, en donde las cifras tienen un valor según la posición que ocupan, resulta práctico para operar. Con el fin de compararlo con otros sistemas, pueden comprobar lo penoso que resulta hacer una suma o un producto con números romanos, pero al margen de ello el sistema posicional no tiene ningún privilegio sobre otras escrituras. Ni que hablar de la preeminencia de la base decimal por sobre cualquier otra, que obedece únicamente a razones antropomórficas (se dice que Marilyn Monroe tenía once dedos, aunque ello no parece haberle causado trastornos del tipo aritmético).

A modo de ejemplo sobre las diferentes interpretaciones, veamos esta breve prosa de Cortázar llamada "Geografías", en donde se transcribe una página de la geografía de las hormigas:

(P.84 del libro; se señalan entre paréntesis los posibles equivalentes de ciertas expresiones, según la clásica interpretación de Gastón Loeb.)

"... mares paralelos (¿ríos?). El agua infinita (¿un mar?) crece en ciertos momentos como una hiedra-hiedra-hiedra (¿idea de una pared muy alta, que expresaría la marea?). Si se va-va-va-va (noción análoga aplicada a la distancia) se llega a la Gran Sombra Verde (¿un campo sembrado, un soto, un bosque?) donde el Gran Dios al-

za el granero continuo para sus Mejores Obreras. En esta región abundan los Horribles Inmensos Seres (¿hombres?) que destrozan nuestros senderos. Al otro lado de la gran Sombra Verde empieza el Cielo Duro (¿una montaña?). Y todo es nuestro, pero con amenazas."

Las nociones de representación e interpretación van mucho más allá de la Matemática: se encuentran presentes también en el arquitecto que dibuja un plano, o el músico que escribe una partitura. La partitura no *es* la obra, pero de alguna manera remite a ella. El libro de Hofstadter consiste en un gran juego con respecto de los códigos y los saltos fuera del sistema. No es casualidad: en algún aspecto, de eso tratan los teoremas de Gödel. Algo de ello veremos en las próximas páginas.

El disparate no es de este mundo

La Lógica entusiasma. En todo caso, más que satisfecha es la actitud que muestra Kant en una de sus frases célebres:

Que la Lógica ha entrado, desde los tiempos más antiguos, en el seguro camino de la ciencia lo prueba el que desde Aristóteles no ha tenido que retroceder un solo paso, a no ser que se quiera considerar como mejoras el despojarla de algunas sutilezas superfluas o el darle una claridad más acabada en la exposición, cosas ambas que más pertenecen a la elegancia que a la seguridad de la ciencia. Es también digno de atención el que tampoco haya podido dar hasta ahora ningún paso hacia adelan-

te, de modo que, según toda verosimilitud, parece estar conclusa y perfecta.

La ironía es que, tal como ocurrió con la carta de Farkas Bolyai a su hijo, parece haber hecho falta precisamente este anuncio de Kant sobre la conclusión y perfección de la Lógica para que esta disciplina comenzara su notable e ininterrumpido desarrollo. Se suele indicar como trabajo inaugural un libro de G. Boole de ambicioso título, *Las leyes del pensamiento*, aunque un siglo después de su publicación en 1854 se descubrió que a veces el pensamiento escapa a *La Ley*. Hemos relatado ya el ejemplo quizá más acabado de romanticismo (si vale el contrasentido): a la teoría de conjuntos siguió la paradoja; a los intentos por salvarla siguió el teorema de Gödel.[20]

En la novela *Adán Buenosayres*, de Leopoldo Marechal, se dice que "el disparate no es de este mundo", tesis sostenida con una rigurosa argumentación:

Cuando yo digo, verbigracia: El chaleco laxante de la melancolía lanzó una carcajada verdemar frente al ombli-

---

[20] Como mencionamos, el teorema incorpora de algún modo la paradoja; no la de Russell sino la de Epiménides. Para ser un poco más precisos, debemos decir que el ingenioso argumento de Gödel no hace uso de la proposición *Yo miento*, sino más bien: *Yo no soy demostrable*. Vale la pena comentar también otro de sus resultados célebres, que dice, aproximadamente, que razonando matemáticamente no se puede garantizar que la Matemática esté libre de contradicciones. Es como si alguien intentara probarse a sí mismo que no está loco: puede ocurrir que presente una prueba "razonable", porque en verdad no está loco, o que su justificación sea un desvarío completo aunque él, precisamente por estar loco, cree que es válida.

go lujosamente decorado, *hay en mi frase, a pesar de todo, una lógica invencible.*
—¡No, no! —protestaron algunas voces.
Adán se mandó a bodega un vaso repleto de mosto latino.
—Veamos —expuso a continuación—. ¿No puedo, acaso, por metáfora, darle forma de chaleco a la melancolía, ya que tantos otros le han atribuido la forma de un velo, de un tul o de un manto cualquiera? Y ejerciendo en el alma cierta función purgativa, ¿qué tiene de raro si yo le doy a la melancolía el calificativo de laxante? Además, y haciendo uso de la prosopopeya, bien puedo asignarle un gesto humano, como la carcajada, entendiendo que la hilaridad de la melancolía no es otra cosa que su muerte, o su canto del cisne. Y en lo que refiere a los ombligos lujosamente decorados, cabe una interpretación literal bastante realista.

El disparate no existe en tanto se confíe en una "lógica invencible". En un conocido cuento de Borges, "La Biblioteca de Babel", se describe una biblioteca que contiene todas las combinaciones de letras, en donde cualquier secuencia

dhcmrlchtdj

encierra un terrible sentido en alguna lengua. Puede comprobarse que, de cualquier modo, *no todo* es expresable; ni siquiera una biblioteca como la de Babel es completa. Esto no es casualidad, si pensamos que Babel expresa precisamente la imposibilidad del hombre de alcanzar lo inalcanzable.[21]

Retomemos ahora el tema de las paradojas. Cuando hablamos de Epiménides mencionamos la necesidad de eliminar al "malhechor"; cuando contamos la historia de Frege vimos que el hallazgo de Russell conmueve los fundamentos de la Aritmética. ¿Qué significa eso? ¿Por qué tanto interés en deshacerse de un simple barbero?

La respuesta se encuentra en unas "tablas" de leyes, que permiten comprobar que la fórmula

$$(p \wedge -p) \Rightarrow q$$

(es decir: si se cumple p y no se cumple p, entonces ocurre q)

es una tautología, cualquiera sea q. Para decirlo de una vez: una contradicción $(p \wedge -p)$ permite deducir *cualquier cosa*; es tan válida la implicación

si llueve y no llueve, entonces me mojo

como

si llueve y no llueve, entonces no me mojo

---

[21] En rigor, en el cuento de Borges la longitud de las combinaciones está acotada: cada libro contiene *cuatrocientas diez páginas de cuarenta renglones de ochenta caracteres cada uno*, de modo que el total de libros, aunque gigantesco, es un número natural. El resultado mencionado nos habla de una insuficiencia bastante más profunda, si se tiene en cuenta que el alfabeto y los otros signos ortográficos permiten formar *infinitas combinaciones finitas* de caracteres.

o incluso

si llueve y no llueve, entonces mi tía toca el violoncelo.

Se entiende ahora por qué las paradojas obligan a poner *las barbas en remojo*: en un sistema que da cabida a una contradicción, cualquier disparate tendría sentido. Esto justifica los escrúpulos de Russell y Whitehead para llevar a cabo su construcción, la *teoría de tipos*, cuya idea principal consiste en definir diversos tipos de conjuntos. Los conjuntos del primer tipo tienen como elementos objetos comunes y corrientes, pero no otros conjuntos. Luego vienen los conjuntos del segundo tipo, cuyos elementos son conjuntos del primer tipo; de esta manera, los conjuntos de cada tipo son elementos de los conjuntos del tipo siguiente. Con estas restricciones ya no es posible formular un conjunto "barbero" como el que presentamos en el capítulo anterior.

La construcción funciona bien, aunque pronto se descubrió que complica innecesariamente las cosas, pues la paradoja puede salvarse de otras maneras más sencillas. Además, trae algunas consecuencias no del todo deseables. En primer lugar, como los conjuntos de un tipo no pueden contener elementos del mismo tipo, quedan expresamente prohibidos los conjuntos extraordinarios; en otras palabras, *ningún conjunto puede ser elemento de sí mismo*.

No se trata de una limitación muy seria, aunque muestra en forma inmediata que "nada puede ser todo": si suponemos un universo U que contiene a todo lo que existe, la prohibición anterior decreta que U no puede ser elemento de sí mismo... y luego, *no existe*. Apenas más complicado es el argumento que permite explicar por qué la paradoja de Russell derrumbó todo el edificio de Frege.

La segunda consecuencia tiene que ver con el lenguaje. Existen distintos *niveles* de lenguaje, comenzando por un primer nivel, el del lenguaje *ordinario*. Para hablar de lo que sucede en este lenguaje necesitamos aquello que se denomina *metalenguaje*: por ejemplo, la frase

Los mosquitos son muy molestos.

pertenece al lenguaje, mientras que esta otra

La palabra "mosquito" tiene ocho letras.

corresponde al metalenguaje. Sin embargo, en este esquema vemos que es preciso también contar con un *metametalenguaje*, que describa las relaciones entre elementos del metalenguaje, y así sucesivamente. Pero esta construcción transforma el lenguaje en algo muy complicado, y una oración de lo más inocente puede generar una inconcebible mezcla de niveles de lenguaje.

Como dijimos, los esfuerzos de Frege y de Russell, de algún modo, se vieron frustrados; ellos no sabían que lo que pretendían era imposible, más difícil incluso que seducir a una princesa que no ve. Sobre los "imposibles", vale la pena comentar un acertijo, muy conocido, que el lector puede poner en práctica ensayando con algunas de sus amistades. Aunque eso no parece muy conveniente si tenemos en cuenta que la historia suele ambientarse en una cárcel, en donde el director se reúne con tres de los prisioneros para decirles:

> *Tengo aquí cinco discos que sólo se distinguen por el color: tres son blancos, y otros dos son negros. Sin decirles de cuál se trata, voy a colocar a cada uno de ustedes uno de estos discos en la espalda, de manera que puedan ver los discos que llevan los compañeros, pero no el propio, ni los discos que no se utilizan. Toda comunicación entre ustedes está prohibida; por otra parte no les conviene decir nada, porque el primero que sea capaz de deducir lógicamente el color de su disco será recompensado con la liberación.*
> *El asunto es que el carcelero coloca a cada uno de los prisioneros un disco blanco, sin emplear los dos negros.*[22]

¿Hay alguna forma de que los presos resuelvan el problema? Es probable que una primera mirada a la cuestión nos deje algo desesperanzados, al caer en la cuenta de que los tres ven algo que no parece dar lugar a deducciones: dos discos blancos. Sin embargo, ya vimos que en muchos casos la solución aparece cuando introducimos otra manera de mirar.

Comencemos analizando algunas situaciones más sencillas. Si uno de los prisioneros viera que sus dos compañeros llevan discos negros, se daría cuenta *de inmediato* de que su disco sólo puede ser blanco. Los otros lo verían entonces –no sin cierta consternación– salir a toda prisa para gozar de la liberación. Imaginemos ahora otra escena: uno de los prisioneros –llamémoslo A– observa que B lleva un disco negro, y que C lleva un

---

[22] Este problema es extensamente trabajado por Lacan en *Escritos*.

disco blanco. ¿Qué ocurre? Si el disco de A también fuera negro, resultaría claro que C debería salir "a toda prisa". En consecuencia, si A ve que *C no sale* deduce que su disco *no puede ser negro,* y sin dudarlo se encaminará hacia la puerta. Vale la pena observar que esta respuesta ya no es tan inmediata como la del caso anterior, pues A sólo puede fundamentar su conclusión una vez que verifica que C no sale.

Volvamos entonces al caso de los tres discos blancos. ¿Qué pensará ahora nuestro lúcido A? Sobre la base de lo que acabamos de ver, su razonamiento será más o menos el siguiente:

> *Si mi disco fuera negro, tanto B como C verían un disco negro y uno blanco, y cada uno de ellos saldría al comprobar que el otro no sale. Pero ni B ni C salen, así que mi disco es blanco.*

¿Cuál es el secreto? En primer lugar, conocer *el fracaso de los otros*. Es primordial, eso sí, dejar que transcurra el tiempo necesario para que dicho fracaso se haga claro. Y aquí aparece un pequeño problema, pues si asumimos que los tres prisioneros están dotados de la misma capacidad (y velocidad) de razonamiento, entonces deberían salir *simultáneamente*. Digamos que el problema principal es la continuidad del tiempo; podríamos imaginar por ejemplo que en vez de salir, cada prisionero debe escribir sus conclusiones en un papel, y el guardián pasa al término de cada hora a leer todos los papeles en voz alta. En ese caso sus "escritos" resultarían muy similares entre sí:

Fin de la primera hora: sin conclusiones.
Fin de la segunda hora: sin conclusiones.
Fin de la tercera hora: mi disco es blanco.

El Zen en el arte de equivocarse con confianza

Según vimos, los lógicos y los matemáticos son especialistas en este asunto de crear bucles extraños. Claro que no son los únicos; por eso Hofstadter propone numerosos ejemplos, no sólo de Escher y de Bach, sino también de otros artistas como Magritte, uno de cuyos más famosos trabajos consiste en una pipa bajo la cual puede leerse una sugestiva inscripción: *Esto no es una pipa*. Dedica además unas cuantas páginas al budismo zen que, según dice, *desformula* la Lógica. Se ha comparado al exégeta del Zen con Don Quijote, quien describe su actividad de un modo que (salvo algunos detalles) no la hace muy diferente de la labor del matemático, en especial ese que en el capítulo anterior calificamos de romántico:

> *... el andante caballero busque los rincones del mundo; éntrese en los más intrincados laberintos; acometa a cada paso lo imposible; resista en los páramos despoblados los ardientes rayos del sol en la mitad del verano, y en el invierno, la dura inclemencia de los vientos y de los hielos; no le asombren leones, ni le espanten vestiglos, ni atemoricen endriagos; que buscar éstos, acometer aquellos y vencerlos a todos son sus principales y verdaderos ejercicios.*

En el Zen, uno de los caminos para alcanzar el *satori* o "iluminación última" la constituye el *koan*, una especie de problema paradojal propuesto por el maestro al discípulo. Uno de los más conocidos, analizado en el libro *El Zen en el arte de la arquería* es el siguiente: "¿Cuál es el sonido de una sola mano?".

Pero para sostener su comentario, Hofstadter presenta este otro, que comienza así:

> Un día, Tokusan dijo a su discípulo Ganto: "Hay dos monjes aquí que llevan muchos años conmigo. Vé y examínalos". Ganto tomó un hacha y fue a la choza donde los dos monjes estaban meditando. Levantó sobre ellos el hacha, diciendo: "Si dicen ustedes una palabra, les cortaré la cabeza; y si no dicen una palabra, también les cortaré la cabeza".

Hasta aquí, se parece al diálogo entre Alicia y el Caballero Blanco del capítulo 1: si en lugar de tomar un hacha nos armamos de una de las tablas de la Lógica, podemos estar seguros de que

> $p \vee -p$ es verdadera; luego, los monjes perderán la cabeza.

Pero finalmente somos nosotros quienes perdemos la cabeza, pues el texto prosigue de este modo:

> Ambos monjes continuaron su meditación como si no hubiesen escuchado nada. Ganto bajó el hacha y dijo: "Ustedes son auténticos discípulos zen".

Se cuenta que el Califa Omar, al ordenar la destrucción de la Biblioteca de Alejandría en el año 634, dio la siguiente justificación:

> Los libros de la Biblioteca, o bien contradicen el Corán, y entonces son peligrosos, o bien coinciden con el Corán, y entonces son redundantes.

Nuevamente, $p \vee -p$ *es verdadera; luego*, hay que destruir la biblioteca.

El Zen busca desvanecer la lógica clásica. Lo ilustraremos

con un ejemplo: como al comienzo del libro, la historia de una princesa. Aunque en este caso el problema de la chica no consiste en no poder elegir un candidato, sino en lograr que su padre apruebe la elección. Es claro: el padre pretendía que su hija fuera desposada por un rico y poderoso príncipe, y ella viene a elegir a un pobre pelagatos. Sin embargo, ante la insistencia de los jóvenes termina por ofrecerles una oportunidad:

> *—Dejaremos que el azar lo decida. Pondré en esta bolsa dos uvas: una blanca, la otra negra. Deberá usted elegir sin mirar: si la uva extraída es blanca, se podrán casar; si es negra, olvidaremos todo el asunto.*

Como sospecharán, la propuesta es un engaño. Durante los preparativos del evento la chica ve a su padre colocar en la bolsa dos uvas negras y corre a comentarle las malas nuevas a su amado:

> *—¡Estamos perdidos! ¡Papá ha echado en la bolsa dos uvas negras!*
> *—Bueno, es cuestión de pedirle que muestre el contenido de la bolsa antes de empezar.*
> *—Ya sé lo que va a decir: "¿Te atreverías a dudar de la palabra del Rey?".*
> *—¿Y qué pasa si me niego a extraer una uva?*
> *—No nos veríamos más, estoy segura— lloró la joven.*

Podemos quedarnos tranquilos: a los pocos días se celebró la boda. ¿Cómo puede ser? Es muy fácil; la historia se completa intercalando este párrafo:

> *Llegado el momento, el enamorado extrajo una uva de*

la bolsa, y antes de que nadie la viera se la llevó a la boca y la tragó.

—¡No era lo convenido! —gritó el padre— ¡La prueba debe repetirse!

—No hace falta —contestó el muchacho—; basta con abrir la bolsa y ver la uva restante.[23]

Un deseo que destroza el sistema

Así como hablamos de bucles, también hemos mencionado las extrañas mezclas de lenguajes y de niveles de lenguaje. Comentaremos otro ejemplo extraído del texto de Hofstadter, más precisamente de uno de sus diálogos entre dos ilustres personajes: Aquiles y la Tortuga. Esto remite a otra de las aporías de Zenón, pero más todavía a un artículo muy entretenido escrito por el mismísimo Lewis Carroll: "Lo que la Tortuga dijo a Aquiles".

En el diálogo de Hofstadter, llamado "Pequeño Laberinto Armónico", los personajes se meten en un cuadro de Escher. Procedamos, entonces, a "meternos" en el diálogo, en el

---

[23] En la historia del comienzo, como en el ejemplo de los prisioneros, el éxito del último pretendiente se apoya en los "otros que fracasan". Eso marca una diferencia con esta nueva historia, en donde lo que ayuda al joven en forma decisiva es conocer la trampa del padre. Hay un caso famoso en la literatura: la prueba que debió atravesar Odiseo (Ulises), disfrazado de mendigo, para recuperar a Penélope. Se había dispuesto que la tejedora mano sería para quien lograse traspasar unos anillos tirando con el arco y las flechas que habían pertenecido al rey antes de emprender su paseo de veinte años. Tal como espera el lector, sólo Ulises es capaz de hacerlo, brindando una verdadera muestra del *arte de la arquería*. Pero aquí el fracaso de los otros galanes (en este caso no muy galantes) tiene otro sentido, el de mostrar que Odiseo era el único merecedor, no sólo de la reina, sino también del trono de Itaca.

cual, siguiendo el más puro estilo de Alicia, existe un jarabe que permite pasar de un lugar a otro.[24] En cambio, para salir de cada nivel la Tortuga no recuerda bien el mecanismo:

> *...bueno, no un jarabe, sino un elixir...,*
> *no, no es un elixir, sino un... un...*
> Tortuga: *Probablemente quiera decir "tónico".*
> Aquiles: *¿Tónico?*
> Tortuga: *¡Esa es la palabra que estaba buscando!*[25]

Aquiles y la Tortuga prosiguen su paseo por el cuadro, en el que aparece una lámpara con un genio dispuesto —como corresponde— a conceder tres deseos. Con un ingenio que en realidad parece más propio de su compañero de armas Ulises, nuestro héroe manifiesta que su primer deseo es que se le concedan, en vez de tres, cien deseos. El genio se ve obligado a aclarar algunas cláusulas del contrato:

—*Lo lamento, pero no concedo metadeseos.*

La cosa se complica:

—*Deseo que me explique qué es un metadeseo.*

---

[24] Recordemos, en efecto, la misteriosa botellita marcada con la inscripción *"Bébeme"*, cuyo contenido posibilitó a Alicia (después de vencer ciertas dificultades) entrar finalmente en ese sitio que Chesterton describió, según se menciona en el Prefacio, como *un territorio poblado por matemáticos locos*. Dicho sea de paso, estas alusiones refuerzan nuestro afán de mostrar distintas *Geografías*: el país tautológico de Pessoa, el país maravilloso de Carroll...

[25] Nótese la trampa inicial de hacer hablar a la tortuga dos veces seguidas, lo que configura distintos niveles de lenguaje. Un gusto que se da Hofstadter; un dolor de cabeza para el lector desprevenido.

—Pero ESO es un metametadeseo, Aquiles, y tampoco los concedo.

Más tarde se le otorga a Aquiles el derecho a formular un deseo *atípico*, vale decir, fuera de los "tipos". Pero —por motivos que no vienen al caso— finalmente el guerrero prefiere que este deseo no se le cumpla:

—Deseo que no se quiera conceder mi deseo.

Ni el más poderoso de los genios es capaz de cumplir un deseo tan singular. Dicho de otra manera, el deseo de Aquiles destroza el sistema.

Una trama secreta

Hace algunos años se presentó en Buenos Aires una muestra que bien podría parecerse a una "galería de Matemática". Se trató en esa ocasión de la obra de un pintor, cuyos cuadros consistían en la sucesión de números naturales, prolijamente escritos uno al lado del otro sobre el blanco fondo:

1 2 3 4 5 6 7 8 9 10 11 12 13 14 15 16...

Ahora bien, la cuestión es que al terminar cada tela el artista agregaba al tarro de pintura negra una gota más de blanco; en resumen, la primera tela (poco más que unos garabatos negros) iba dando lugar a las siguientes, de un gris cada vez más claro. Al lado de cada cuadro aparecía además una foto del pintor en el momento de terminarlo, "una gota" más viejo. El efecto era impresionante; la gracia ingenua de cada cuadro lleno de números se convertía en presencia de los otros en un conjunto aterrador, expresión de la finitud del hombre. Lo que se exponía era la propia exposición; los cuadros por separado carecían de importancia. Esto recuerda a la historia inicial de la princesa, en donde el episodio final resignifica a los anteriores y da un sentido a toda la serie. A veces ello no es tan claro, como ocurre en otra admirable serie, la de los doce cuentos originales que Chesterton tituló "El candor del Padre Brown". Cada uno de los relatos es una obra de arte y como tal produce un gran placer leerlo en forma aislada; sin embargo, sólo la lectura sucesiva nos permite seguir la evolución moral de uno de los más notables personajes, el francés Flambeau, quien después de años de haber sido el más "artístico" de los delincuentes se convierte en celoso defensor del orden y amigo del propio Padre Brown. En esta transformación más de un crítico ha advertido la existencia de una trama secreta.[26]

Otro ejemplo, un poco menos sombrío, es el siguiente poema:

Que j'aime à faire connaître un nombre utile aux sages.
Glorieux Archimede, artiste ingenieux...[27]

No vamos a leerlo todo; mejor dicho, no podemos: es un poema infinito. Está compuesto de acuerdo con una regla muy

---

[26] En particular, en "La muestra de la espada rota" aparece justamente una muestra de cómo ocultar una trama:
—¿Dónde esconderá el sabio una hoja? En el bosque. Y si no hay bosque, fabricará uno. Y si se trata de esconder una hoja marchita, fabricará un bosque marchito.
No diremos aquí cuál es la terrible historia que se esconde en el cuento.
[27] Me complace dar a conocer un número útil a los sabios. Glorioso Arquímedes, artista ingenioso...

simple: la cantidad de letras de cada palabra es una cifra del desarrollo decimal de π; si aparece algún cero entonces se emplea simplemente una palabra de diez letras.

3	1	4	1	5	9	2	6	5	...
que	j'	aime	à	faire	connaître	un	nombre	utile	...

Pero prestemos atención a lo que el poema dice: el autor se muestra muy contento de *dar a conocer un número*, que sin duda no es otro que π... ¡Pero eso es imposible! Al menos lo es en la forma en que él lo intenta, pues nadie de vida finita puede dar a conocer las infinitas cifras no periódicas de π.

Podemos todavía mencionar otros ejemplos. En la música, las notas pueden también escribirse mediante un cifrado, inventado por Bach, en donde la *A* corresponde a la nota *la*, y así hasta la *G*, que corresponde al *sol*. En este cifrado original, distinto del americano, la letra *B* corresponde en realidad al si *bemol*, mientras que *si* se representa con la letra *H*. En consecuencia, si vemos escrito

BACH

podemos leer allí tanto el nombre del gran compositor como la secuencia si*b-la-do-si*. Muchos músicos, en homenaje a Bach, compusieron temas sobre este motivo; uno de ellos fue el propio Bach. Y ahora llega el misterio: en la última página del *Arte de la Fuga*, aparece un súbito corte. En el manuscrito original puede leerse una "nota" que no es como las otras, por lo cual quizá se la pueda tildar de *discordante*. Se trata de un breve párrafo escrito por Carl Phillip Emanuel Bach, hijo de Johann Sebastian, que dice:

En el transcurso de esta fuga, y en el punto en donde el nombre BACH era empleado como tema, el compositor murió.

Capítulo 4
La mano de la princesa

Fondo y figura

Una cuestión de suma importancia en el Arte es la de *fondo y figura*. El referente más inmediato es la pintura, aunque la música o la literatura también son capaces de proveernos de variados ejemplos. Como aquellos conocidos dibujos en donde lo que hay que mirar no es la figura sino el fondo, en muchas piezas musicales el oído debe hacerse cargo de escuchar lo que aparece en segundo plano. A veces los planos se confunden, o se ve una cosa en el fondo, y otra en la figura; en otros casos figura y fondo se entremezclan con tanto cuidado que no se pueden distinguir el uno del otro.

Estos conceptos aparecen también en la Matemática. Consideremos por ejemplo la secuencia

2, 3, 5, 6, 7, 8, 10, 11, 12, 13, 14, 15, 17, ...

Si preguntamos a alguien cuál es el número que sigue seguramente hallará, con mayor o menor trabajo, una respuesta. De hecho, existe una infinidad de leyes que permiten generar la secuencia; por ejemplo:

Salteamos el primer número (1), escribimos los dos siguientes (2, 3); luego salteamos el próximo (4), y escri-

bimos los cuatro siguientes (5, 6, 7, 8). A continuación, salteamos el que sigue (9) y escribimos los seis siguientes (10, 11, 12, 13, 14, 15). Luego...

Esto puede parecer tedioso, aunque no es difícil reconocer un "patrón", cierta regularidad en la formación de los términos. A continuación de cada número que salteamos escribimos primero dos, luego cuatro, más tarde seis números... esto es suficiente como para que el lector intuya la continuación.

Este es el tipo de experiencia que suele producir satisfacción en la Matemática: para nosotros la secuencia ha dejado de tener secretos. Sin embargo, inmersos en tan satisfecho estado quizá nos sorprendamos cuando se nos diga que en realidad "la ley" hallada es *la misma* que rige a esta otra secuencia:

$$1, 4, 9, 16, ...$$

Esto es mucho más fácil; se trata de la sucesión de los cuadrados perfectos. Descubrirlo cuesta muy poco, aunque podríamos preguntarnos qué tiene que ver con la secuencia anterior. Si miramos bien, la nueva sucesión está constituida justamente por todos los números que la otra secuencia "saltea": de esta manera, se la puede pensar como una nítida "figura" que resalta sobre el fondo de los "no-cuadrados". A veces resulta muy útil pensar así, en casos en los que es más fácil describir el fondo que la figura. Tomemos por ejemplo el conjunto de los números primos, aquellos números mayores que 1 que sólo son divisibles por sí mismos y por la unidad. El primero de ellos es el 2, luego viene el 3, después el 5...

$$2, 3, 5, 7, 11, 13, 17, 19, 23, 29, ...$$

Sin embargo, a simple vista no parece haber una regla para obtener el conjunto completo de estos números de un modo que no sea calculándolos uno a uno. Pensemos en cambio en el "fondo"

1, 4, 6, 8, 9, 10, 12, 14, ...

constituido por el 1 y los números compuestos, que pueden escribirse como el producto de dos números distintos de 1. Para este conjunto es muy sencillo formular dos axiomas que permiten generarlo:

Axioma 1: 1 no es primo.
Axioma 2: si m y n son números mayores que 1, $m*n$ no es primo.

Es decir, la manera más fácil de pensar los números primos consiste en mirarlos *al revés*; como fondo, y no como figura. Algo semejante a lo que ocurre en tantos cuentos detectivescos en donde el principal indicio es precisamente la ausencia de indicios, o donde el nexo entre una serie de pruebas es lo que dichas pruebas *no* tienen en común.[28]

---

[28] Eso se ve, por ejemplo, en una historia de Sherlock Holmes, en donde la clave es un perro que *no ladró*. En "Los crímenes de la calle Morgue", de E. A. Poe, personajes de distintas nacionalidades dicen haber escuchado gritos en un cierto idioma, siempre distinto del propio, de donde el detective Dupin deduce que en realidad *no se trata de un idioma*. En otro de los cuentos del Padre Brown se hace un inventario de *cosas inconexas e inexplicables*: piedras preciosas sin montura, montañas de rapé, piezas sueltas de metal, velas sin candeleros en donde colocarlas. Lo que el cura descubre es que en todas ellas *falta* un mismo elemento: el oro.

El infinito

Para hablar del infinito, alguna vez Russell contó la siguiente historia:

Un hombre comienza a escribir su biografía. Al cabo de un año, con gran esfuerzo concluye un relato minucioso de su primer día de vida. Pasa otro año, durante el cual logra completar la narración de su segundo día. Entonces comprende que su labor es inútil, pues cuando su vida acabe la biografía apenas abarcará unos cuantos días, a lo sumo uno o o dos meses.

Hasta allí, la deducción no parece muy brillante, aunque el cuento prosigue:

Pero si este hombre viviese infinitamente, podría llevar a cabo su empresa con gran facilidad:
El primer año, escribe el primer día.
El segundo año, escribe el segundo día.
El tercer año, escribe el tercer día.
...

Así, sucesivamente, va escribiendo cada uno de los días de su vida.

Quizá parezca un truco tramposo, pero no es así: la biografía se irá atrasando cada vez más, pero avanza inexorable sin dejar de relatar ni un solo día. Es como el pintor que escribía los números, uno por uno; si viviera por siempre podría seguir pintándolos, más blancos cada vez... aunque nunca *completamente* blancos. Este hecho había sido notado ya por Galileo, quien observó que hay por ejemplo tantos cuadrados como números naturales, pues ambos conjuntos pueden corresponderse uno a uno:

$$1 \leftrightarrow 1$$
$$2 \leftrightarrow 4$$
$$3 \leftrightarrow 9$$
$$4 \leftrightarrow 16$$
$$\ldots$$

Galileo creyó encontrarse ante una paradoja, aunque luego no habló más del tema e hizo falta esperar a Cantor para dar una respuesta al asunto. Georg Cantor, de quien hablamos en el segundo capítulo, se dedicó a estudiar el "perturbador" tema del infinito con tal audacia que encontró una acalorada oposición entre los matemáticos de sus tiempos. Ocurre que, según se desprende de su teoría, no hay *un* infinito sino *infinitas clases distintas* de infinito. Por ejemplo, el conjunto de los números naturales, así como el de los cuadrados perfectos, o el de todos los números enteros, pertenecen a una misma clase, llamada *infinito numerable*. Esto se prueba fácilmente por medio de una correspondencia "uno a uno"; por ejemplo, si en la historia de Russell suponemos que este inmortal señor no sólo vivirá *por* siempre sino que vive *desde* siempre, aun así tiene la posibilidad de hacer un relato de cada uno de sus días sin dejar pasar ninguno. Alcanza con establecer una fecha fija como "día cero", quizás aquella en que decidió meterse en este afán autobiográfico, y luego sentarse con su editor a discutir el siguiente plan de trabajo:

Primer año: escribir el día 0.
Segundo año: escribir el día siguiente al día 0 (día 1).
Tercer año: escribir el día anterior al día 0 (día -1).

Cuarto año: escribir el día siguiente al día 1 (día 2).
Quinto año: escribir el día anterior al día -1 (día -2).
...

Y así, según pasan los años, van pasando los días...

$$0, 1, -1, 2, -2, 3, -3, 4, -4, \ldots$$

Por el momento esto no parece una gran sorpresa, apenas un pequeño "truco" matemático basado en la infinitud de los conjuntos infinitos: al fin y al cabo, si todos ellos son infinitamente grandes, ¿por qué no habrán de corresponderse entre sí?

Sin embargo, el infinito del conjunto de números reales, constituido por los racionales y los irracionales (lo cual comprende, de acuerdo con la escritura decimal, tanto a los decimales periódicos como a los no periódicos) pertenece a una clase mayor, no numerable. Esto puede resultar ciertamente chocante, aunque Cantor lo demostró por medio de una idea genial, que se ha hecho célebre bajo el nombre de *método diagonal*. En la próxima sección brindaremos una demostración diferente, basada en un tema que comentamos en el capítulo 2: las series de números.[29]

Una demostración fuera de serie

En esta sección demostraremos que el infinito de los números reales es mayor que el de los números naturales, al que hemos denominado "numerable". Procederemos por el

---

[29] La demostración diagonal se explica por ejemplo en *Matemáticas e imaginación*, o también en el libro de Hofstadter antes mencionado.

absurdo; no por capricho (o romanticismo), sino porque *no es posible* dar una demostración directa. Nos apoyaremos en una cuestión que todo el mundo acepta sin mayores inconvenientes, aunque a decir verdad esconde detrás aspectos algo delicados. Se trata del hecho de que el conjunto de los números reales es equivalente a una recta: a cada número le corresponde un único punto, y viceversa. Cosa que no parece tan terrible si asumimos la representación "cartesiana" que comentamos en capítulos anteriores:

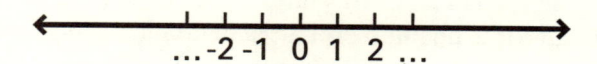

$$\ldots -2\ -1\ \ 0\ \ 1\ \ 2\ \ldots$$

Bajo esta manera de pensar los números, supongamos ahora que forman un conjunto numerable; es decir, que puede escribirse como una sucesión:

$$a_1, a_2, a_3, \ldots$$

Lo que haremos es "tapar", o mejor dicho *cubrir* toda la recta con segmentos: más precisamente, podemos tomar

un segmento de longitud 1/2 que contenga al número a_1
un segmento de longitud 1/4 que contenga al número a_2
un segmento de longitud 1/8 que contenga al número a_3
un segmento de longitud 1/16 que contenga al número a_4
...

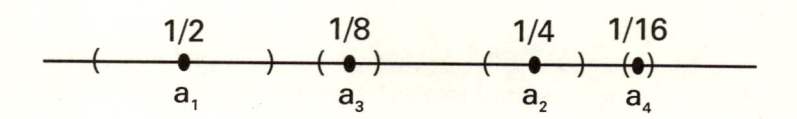

Y así sucesivamente. Dado que hemos supuesto que la sucesión contiene *todos* los puntos, parece claro que la longitud de la recta debe ser menor o igual a la suma de las longitudes de todos estos segmentos. Pero ya hemos mencionado que

$$1/2 + 1/4 + 1/8 + 1/16 + \ldots = 1,$$

de donde se desprende que la longitud de toda la recta es menor o igual que 1: un auténtico absurdo.

Cantor también demostró que la cantidad de puntos de un cuadrado es igual a la cantidad de puntos que hay en cada uno de sus lados, y otras rarezas por el estilo. Sin embargo, hay algo que no pudo probar: la denominada *hipótesis del continuo*, que postula la inexistencia de infinitos no numerables pero que sean menores que el infinito de los números reales. En otras palabras: una vez que comprobamos que este último se trata de un infinito no numerable, ¿no es razonable preguntarse si habrá algún infinito "intermedio", mayor que el de los naturales pero menor que el de los reales?

Quizás a causa del esfuerzo, el hecho es que Cantor enloqueció y así termina su historia. Pero ahora conocemos la entonces inimaginable conclusión del asunto: mucho tiempo después, en 1963, se demostró que la hipótesis del continuo no es demostrable. Tampoco lo es su negación, como había sido probado años antes por Gödel: se trata de un *indecidible* como el que comentamos en el capítulo 2. En otras palabras, Cantor intentó seducir a una princesa imposible de seducir.

Bach explicado

En el capítulo anterior mencionamos la melodía *B-A-C-H*, en donde el tema "BACH" funciona como epitafio del compositor. Una desgracia: en el momento justo en que el compositor quiere *dar a conocer un nombre* –el suyo–, la pieza (en realidad, su vida) concluye en forma súbita...

El triste final de Bach y la nota escrita por su hijo merece que efectuemos alguna consideración respecto de la fuga, una forma musical en la cual se repite un mismo tema en distintas alturas y tonalidades. Vale decir, en la fuga es esencial el concepto de *paralelismo*; por eso, hablar del *Arte de la Fuga* no es muy distinto de hablar de la *Ciencia de las paralelas*. Eso nos lleva otra vez a Farkas Bolyai y su hijo Janos (la mayoría de los textos se refieren a él como *Johann*, aunque no *Sebastian*). En fin, son dos historias como tantas de padres e hijos, de vidas "consumidas", notas y epitafios...

Un texto que se explica a sí mismo

Esta es la última parte de un libro sobre Matemática: por variado (y por momentos, *disparatado*) que haya podido ser el recorrido, el lector seguramente se encuentra al tanto de ello. Se han narrado muy diversas historias; sin embargo, aunque hayamos mencionado varias veces al valeroso Aquiles e incluso a la bella Helena, es claro que este texto no es *La Ilíada*. Como en las paradojas de Russell, pretende tan sólo ser un texto *que se explica a sí mismo*.

Pero los textos suelen ser *fingidores*. No será el único caso: en las *Apostillas al Nombre de la Rosa*, Umberto Eco recuerda algunos engaños anteriores. Señala, por ejemplo, el que se produce con el título de *Los Tres Mosqueteros*, pues el libro no versa en realidad sobre tres mosqueteros, sino que cuenta la historia de quien hacia el final se convertiría en el cuarto: D'Artagnan. Las *Apostillas...* fueron escritas por Eco para aclarar aspectos oscuros de su novela; esperemos que el presente texto pueda, en cambio, explicarse a sí mismo.

Como sea, el plan original fue respetado: hablar de Matemática, intentando mostrar algo de aquella esencia que describe la cita de Cantor del prefacio. Por eso, vale la pena concluir con la mención de ciertos desarrollos modernos de la Lógica (conocidos habitualmente como "Lógica borrosa") en los cuales, por raro que parezca, las oraciones no sólo pueden ser verdaderas o falsas, sino también *más o menos* verdaderas. El "más o menos" no es cualquier cosa, sino que se define en forma rigurosa a partir de una amplia gama de valores; de este modo, uno puede encontrarse sorpresivamente con enunciados tales como:

P es un poco falsa.

Como tantas ramas de la Matemática, esta curiosa lógica también ha encontrado una gran cantidad de aplicaciones, que van desde la medicina ("*Doctor, me duele bastante*") hasta la economía, pasando por la producción de lavarropas que, según se comenta, lavan la ropa que es una maravilla. Pero por encima de todas estas cuestiones, se destaca el hecho de que quizá se haya logrado avanzar aunque sea un paso en el desarrollo de un lenguaje lógico capaz de expresar uno de los problemas cruciales de la humanidad:

Me quiere mucho, poquito, nada.

Epílogo

Último momento: la princesa se divorcia

No siempre las historias de amor terminan bien. Podemos imaginar que unos años después del episodio que se narra al comienzo de este libro, la princesa se dio cuenta de que su matrimonio iba camino al fracaso. Al fin y al cabo, tal vez sea un error casarse con el primero que ofrece un par de anteojos... O quizás el "galán humilde" —actualmente su marido— no haya dado con el valor exacto de dioptrías; el hecho es que ahora la princesa está pensando en divorciarse y rehacer su vida.

El mecanismo para elegir el candidato a sus segundas nupcias es el mismo que antes, sólo que ahora puede *ver* a los pretendientes; incluso es capaz de definir, entre dos cualesquiera, cuál es el que más le gusta. El problema es el siguiente: los candidatos, ordenados en forma azarosa, pasan de a uno; una vez que la princesa decide por uno de ellos, no le está permitido conocer a los siguientes para ver si encuentra otro que le guste más. Tampoco puede optar por uno de los que ya pasaron, pues en tal caso dejaría que pasaran todos, para finalmente quedarse con el mejorcito...

Para simplificar las cosas, podemos suponer que hay, digamos, diez pretendientes. La pregunta es: ¿existe alguna estrategia que permita a la princesa optimizar las chances de hacer una buena elección? Porque tampoco es cuestión de andar divorciándose a cada rato... Por ejemplo, no parece una buena idea abalanzarse sobre el primer pretendiente, pues hay una alta probabilidad de que más tarde aparezca uno mejor; tampoco conviene dejar pasar demasiados, ya que existe la posibilidad de que después se lamente: "¡Uy, con lo que me gustaba el candidato 3...!".

La teoría de probabilidades ofrece una respuesta: la mejor estrategia consiste en dejar pasar a los primeros cuatro candidatos (este número variará en función de la cantidad total de pretendientes, pero siempre resulta calculable) y, de los que vienen a continuación, elegir al primero que supere a todos los anteriores. Aunque el mecanismo implica algún riesgo; por ejemplo, puede pasar que ningún candidato a partir del quinto sea mejor que los anteriores, y la princesa deberá conformarse con el último, acaso no muy agraciado. Pero es la solución que proporciona la mayor probabilidad de éxito: si sale mal, qué culpa tenemos los matemáticos (no hay que matar al mensajero). En todo caso, podemos consolar a la princesa haciéndole conocer un caso mucho peor, el de aquel pobre hombre que, según refiere Macedonio Fernández, "era tan feo, que hasta los que eran más feos que él no lo eran tanto".

Con el respetuoso recuerdo de este "feo maximal", podemos dar por terminado este trabajo sobre la belleza matemática.

Bibliografía comentada

La siguiente lista comprende algunos textos que permiten al lector no especializado un acercamiento a la Matemática. La enumeración no pretende ser exhaustiva; sólo se mencionan aquellas obras que han servido de inspiración para el presente trabajo.

Davis, P. y Hersh, R., *The mathematical experience*, Boston, Birkhäuser, 1981.
Un recorrido por el mundo matemático, que abarca desde algunos aspectos de su filosofía hasta explicaciones breves de una bien elegida selección de "grandes hits": teoría de grupos, el teorema de los números primos, geometrías no euclidianas, análisis no standard, etcétera.

Frege, G., *Estudios sobre semántica*, Buenos Aires, Orbis-Hyspamérica, 1985.
Esta recopilación de artículos de Frege tiene interés por su contenido en temas de lógica y filosofía del lenguaje, en especial desde el punto de vista histórico. Se destacan las consideraciones de Frege en torno a los problemas de concepto y objeto, sentido y referencia, la noción de función, etcétera. La introducción y el prólogo a las *Leyes fundamentales de la Aritmética* (1893) son algunos de los "platos fuertes" del libro.

Hildebrandt, S., Tromba, A., *Matemática y formas óptimas*, Barcelona, Prensa Científica S.A., 1990.

Un interesante panorama sobre los problemas de optimización y su importancia tanto en la geometría como en la naturaleza. Si bien los últimos capítulos son algo más complicados, se presenta un atractivo desarrollo histórico de los métodos del llamado *cálculo de variaciones* y algunas de las cuestiones filosóficas subyacentes, como el "principio de mínima acción".

Hofstadter, D., *Gödel, Escher y Bach, un Eterno y Grácil Bucle*, Barcelona, Tusquets, 1982.

Este libro, actualmente considerado un "clásico", ofrece una presentación amena y bastante detallada de los teoremas de Gödel, a los que se vincula con una variada cantidad de temas de la propia Matemática, pero también del lenguaje, la biología, las perspectivas de la inteligencia artificial, etcétera.

Kasner, E. y Newman, J., *Matemáticas e imaginación*, Buenos Aires, Hyspamérica, 1985.

Otro "clásico"; hace algunas décadas este libro era una referencia inevitable entre los textos de divulgación matemática. Se tratan, en forma amena y divertida, temas de lo más variados; para una enumeración de algunos de dichos temas el lector puede remitirse al párrafo de Borges citado en el prefacio.

Le Lionnais, F., *Las grandes corrientes del pensamiento matemático*, Buenos Aires, Eudeba, 1962.

En esta obra, concebida por un grupo de matemáticos franceses durante la ocupación alemana, se brinda una amplia y apasionada descripción de los principales problemas de la Matemática. El libro se divide en varias partes, compuestas por artículos escritos por distintos autores; los temas se agrupan según algunos aspectos de la Matemática en sí ("El templo matemático"), de su historia ("La epopeya Matemática"), y de su filosofía y conexión con otras disciplinas ("Las influencias").

> Quine, W. V. O., *Desde un punto de vista lógico*, Buenos Aires, Orbis- Hyspamérica, 1984.

Una colección de atractivos ensayos sobre los fundamentos de la Lógica y algunos problemas de la filosofía del lenguaje.

> Rey Pastor, J. y Babini, J., *Historia de la Matemática*, Barcelona, Gedisa, 1986.

Este libro de Rey Pastor y Babini constituye una buena introducción a la historia de la Matemática hasta el siglo XIX, con algunas (aunque algo escasas) referencias al siglo XX. Según el prefacio, más que de un compendio enciclopédico se trata de "una concepción epistemológica del proceso y etapas de abstracción de la ciencia exacta desde la antigüedad".

> Russell, B., *Introducción a la filosofía Matemática*, Buenos Aires, Losada, 1945.

Aunque algo pasado de moda, este libro introduce al lector a algunos de los problemas que preocuparon a los matemáticos a comienzos del siglo XX, en especial aquellos ligados a la fundamentación de la Matemática, la construcción de los números, los conjuntos y las clases, etcétera.

> Santaló, L., *Geometrías no euclidianas*, Buenos Aires, Eudeba, 1966.

En los primeros dos capítulos de este trabajo, Santaló ofrece una concisa referencia histórica a los *Elementos* de Euclides, la problemática en torno al quinto postulado y la aparición de las geometrías no euclidianas. Los capítulos restantes están dedicados a una exposición bastante detallada (y un poco técnica) de dichas geometrías, apoyada en el contexto de la geometría proyectiva.

> Tasic, V., *Una lectura Matemática del pensamiento postmoderno*, Buenos Aires, Colihue, 2001.

Apasionante presentación de los aspectos cruciales del debate entre las "ciencias" y el fenómeno comúnmente denominado *posmodernismo*. Para justificar algunos de sus argumentos, el autor dedica una buena parte del texto a explicar diversas teorías filosóficas y del pensamiento matemático, que por sí solas hacen que el libro merezca ser leído.

Finalmente, se incluyen los siguientes textos de carácter "no-matemático" (al menos, no *completamente* matemático), por haber sido citados en diversas partes del libro:

Borges J. L., *Obras Completas*, Buenos Aires, Emecé, 1974.
Carroll, L., *Alicia en el país de las maravillas*, Buenos Aires, Brújula, 1968.
Carroll, L., *A través del espejo*, Madrid, Edicomunicación, 1998.
Chesterton, G. K., *El candor del Padre Brown*, Madrid, Hyspamérica, 1982.
Fernández, M., *Papeles de recienvenido*, Buenos Aires, Centro Editor de América Latina, 1966.
Herrigel, E., *Zen y el arte de los arqueros japoneses*, Buenos Aires, Mundonuevo, 1959.

Lacan, J., *Escritos*, Buenos Aires, Siglo XXI editores Argentina, 1988.
Pessoa, F., *Antología poética*, Madrid, Espasa Calpe, 1982.
Poe, E. A., *Obras Completas*, Madrid, Claridad, 1982.
Sabato, E., *Uno y el Universo*, Buenos Aires, Sudamericana, 1969.
Wittgenstein, L., *Tractatus Logicus-Philosophicus*, Barcelona, Altaya, 1994.

Colección "Ciencia que ladra..."
Otros títulos publicados

El desafío del cangrejo
Avances en el conocimiento, prevención y tratamiento del cáncer,
DE DANIEL F. ALONSO

El cocinero científico
Cuando la ciencia se mete en la cocina,
DE DIEGO A. GOLOMBEK Y PABLO J. SCHWARZBAUM

Un mundo de hormigas,
DE PATRICIA J. FOLGARAIT Y ALEJANDRO G. FARJI-BRENER

Plantas, bacterias, hongos, mi mujer, el cocinero y su amante
Sobre interacciones biológicas, los ciclos de los elementos
y otras historias,
DE LUIS G. WALL

Guerra biológica y bioterrorismo,
DE MARTÍN LEMA

El huevo y la gallina
Manual de instrucciones para construir un animal,
DE GABRIEL GELLON

Ahí viene la plaga
Virus emergentes, epidemias y pandemias,
DE MARIO LOZANO

Una tumba para los Romanov
Y otras historias con ADN
DE RAÚL A. ALZOGARAY

El mejor amigo de la ciencia
Historias con perros y científicos
DE MARTÍN DE AMBROSIO

El mar
Hizo falta tanta agua para disolver tanta sal
DE JAVIER CALCAGNO Y GUSTAVO LOVRICH

Cielito lindo
Astronomía a simple vista
DE ELSA ROSENVASSER FEHER